KB149984

스스로 생각하는

중등용

코딩 수학

CODING

이성자, 김홍겸, 류지혜, 김형식, 강지성, 오승균

미래융합연구원

왜 엔트리를 배울까요?

TV에서 채널을 예약 녹화하는 메뉴를 선택하여 명령을 입력하고, MP3에서 재생할 목록의 순서를 정하는 명령을 입력하는 것들이 컴퓨터에게 명령을 내리는 일종의 코딩입니다. 우리가 일상생활을 하려면 말하기, 읽기, 쓰기가 필요하듯이 앞으로의 생활에서는 이러한 코딩이 확대되고 복잡해지고 일상화되어 현재의 말하기, 읽기, 쓰기처럼 보편적인 모습이 될 것입니다.

문제를 해결하기 위한 방법을 순서대로 나열한 것을 알고리즘이라고 합니다. 컴퓨터를 이용하여 문제를 해결하기 위해서는 알고리즘을 컴퓨터 명령어를 이용하여 코드로 옮기는 '코딩'을 할 수 있어야 합니다. 코딩은 컴퓨터를 이용하여 문제를 해결하기 위해 생각하는 방법을 알려줍니다.

● 칫솔질 알고리즘

1. 칫솔을 잡아!
2. 치약을 잡아!
3. 치약 뚜껑을 열어!
4. 치약을 칫솔에 짜!
5. 칫솔을 입안에 넣어!
6. 칫솔을 위아래로 왔다갔다 하면서 닦아!

● 컴퓨터 블록 코딩

```
오브젝트를 클릭했을 때
금리 ▼ 를 ( 금리 ▼ 값 ) / ( 100 ) 로 정하기
중간값 ▼ 를 ( 1 ) 로 정하기
기간 ▼ 값 번 반복하기
  중간값 ▼ 를 ( 중간값 ▼ 값 ) x ( ( 1 ) + ( 금리 ▼ 값 ) ) 로 정하기
금액 ▼ 를 ( 원금 ▼ 값 ) x ( 중간값 ▼ 값 ) 로 정하기
계산완료 ▼ 신호 보내기
```

사람은 작은 영역의 간단한 문제는 해결할 수 있지만 문제의 영역이 커지고 복잡해지면 해결하는 데 한계가 있습니다. 큰 소수(prime number)를 구하는 문제를 생각해 보겠습니다.

[소수의 정의]
양의 약수가 1과 자기 자신뿐인 1보다 큰 자연수를 의미한다.

소수는 컴퓨터에서 보안을 위해 암호화 작업을 할 때 꼭 필요한 수입니다. 매우 큰 소수를 알고 있다면 보안이 더욱 강화된 암호화 작업을 할 수 있습니다.

사람이 손으로 계산을 해서 얼마나 큰 소수를 구할 수 있을까요?

컴퓨터로 소수를 찾기 전까지 사람이 찾은 가장 큰 소수는 에두아르 뤼카가 발견한 $(2^{127}-1)$입니다. 그러나 컴퓨터를 이용해서 큰 소수를 찾기 시작하면서 현재까지 알려진 가장 큰 소수는 2018년에 발견한 2324만 9425자리입니다. 이 숫자는 $(2^{77,232,917}-1)$이라는 매우 큰 값이며, 그 수를 모두 다 적는 데에도 큰 공간이 필요합니다. 6000개 자릿수를 한 페이지에 빼곡하게 담더라도, 이 숫자를 다 기록하려면 무려 3875페이지나 필요합니다.

사람이 찾은 가장 큰 소수	컴퓨터가 찾은 가장 큰 소수
$2^{127}-1$	$2^{77,232,917}-1$

사람이 해결하기 어려운 많은 일을 이제는 컴퓨터의 도움을 받아 해결할 수 있게 되었습니다.

블록 프로그램은 이해하기 어려운 코딩 문법을 배재하고 접근성이 좋은 그래픽 블록을 사용하여 누구나 쉽고 간단하게 드래그 앤 드롭 방식으로 코딩을 할 수 있어 소프트웨어가 작동하는 원리나 알고리즘을 이해할 수 있게 해 줍니다.

엔트리는 블록 프로그램의 한 종류로 우리나라의 사용 환경에 적합하게 개발되어 누구나 쉽게 학습할 수 있도록 되어 있습니다.

만들고 싶은 것을 상상하고 그림으로 표현한 다음 그림을 움직이고 표현할 수 있는 다양한 블록들을 차곡차곡 쌓아서 원하는 결과를 만들 수 있습니다.

엔트리의 화면 구성을
알아볼까요?

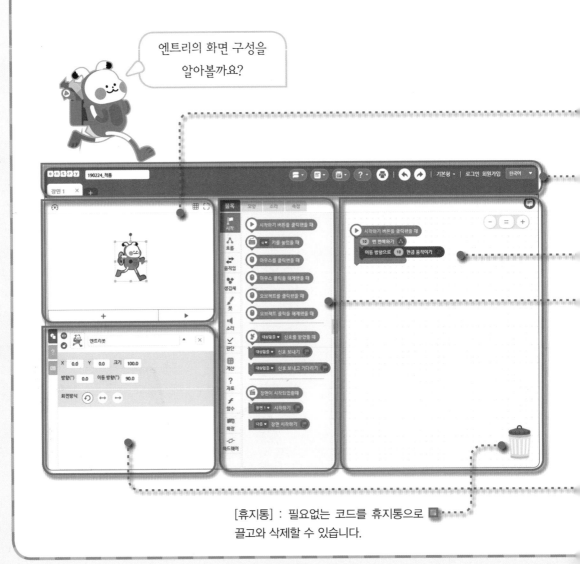

[휴지통] : 필요없는 코드를 휴지통으로 ▨
끌고와 삭제할 수 있습니다.

상단 메뉴

작품 이름 변경, 언어 선택(프로그래밍), 파일, 저장하기, 도움말, 인쇄, 입력 취소, 다시 실행, 모드 변경, 내 정보, 언어 변경을 할 수 있습니다.

실행 화면

[속도 조절] : 작품이 실행되는 속도를 다섯 단계로 조절할 수 있습니다.

[모눈종이] : 실행 화면 위에 좌표를 표시합니다. 좌표는 x축(가로축) 방향으로 −240~240, y축(세로축) 방향으로 −135~135로 이루어집니다.

[전체 화면] : 작품을 전체 화면으로 크게 볼 수 있습니다.

[오브젝트 추가하기] : 새로운 오브젝트(캐릭터, 배경, 글상자)를 추가합니다.

[시작하기] : 블록 조립소에서 조립한 명령에 따라 작품의 실행을 시작/정지합니다.

오브젝트 목록

오브젝트의 이름, 보이기/감추기, 잠금/해제, X 좌표, Y 좌표, 크기, 방향, 이동 방향, 회전 방식 등의 정보를 확인하고 변경할 수 있으며 오브젝트를 삭제할 수 있습니다.

블록 꾸러미

블록 꾸러미는 블록, 모양, 소리, 속성의 네 가지 탭으로 이루어져 있습니다.

[블록] : 오브젝트를 움직일 수 있는 다양한 명령어 블록들이 있는 곳으로, 시작, 흐름, 움직임 등 11개 카테고리에 140여 개의 블록들이 있습니다. 블록들을 블록 조립소로 끌어와 조립할 수 있습니다.

[모양] : 오브젝트의 모양을 추가하거나 이름을 수정하고 복제할 수 있습니다.

[소리] : 오브젝트가 내는 소리를 관리하는 탭으로 새롭게 소리를 추가하거나 추가된 소리를 재생버튼을 이용해서 들어볼 수 있습니다.

[속성] : 코드와 연관된 변수, 신호, 리스트, 함수 등을 추가할 수 있습니다.

블록 조립소

블록 꾸러미에서 블록을 끌어와 블록 조립소에서 조립할 수 있다. 이렇게 조립된 블록 묶음을 코드라고 합니다.

차 례

03

삐빅! 바코드입니다!

04

토끼는 얼마나 빨리 번식할까?

차 례

07 확률의 기적

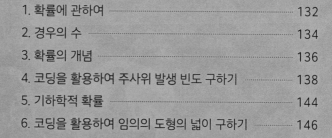

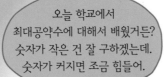

01

숫자의 마법

1 **소수와 소인수 분해**

수학을 공부하다 보면 숫자를 다뤄야 하는 일이 굉장히 많이 있다. 이러한 숫자들의 성질을 알아보는 것에 있어서 가장 중요한 과정 중의 하나가 소인수 분해이다. 소인수 분해란 소수, 즉 1과 자기 자신만을 약수로 하는 수를 가지고 숫자를 분해해 나가는 것을 이야기한다. 소인수 분해를 통해서 우리는 숫자가 어떻게 구성되어 있는지, 즉 숫자의 구성 성분을 알 수 있게 된다.

수학자들은 오랜 기간 동안 이러한 약수 및 숫자의 구성에 대해서 고민을 해 왔다. 특별히 골드바흐(Goldbach)는 '2보다 큰 모든 짝수는 두 소수의 합으로 표현이 가능하다.'라는 과감한 추측을 제시한다. 예를 들면 5=2+3, 8=3+5, ……, 이런 방식이다. 안타깝게도 이 문제는 수학계의 대표적인 미해결 문제로 남아 있다.

하지만 소수는 단지 숫자일 뿐 그 쓰임새가 어디인지는 명확히 알 수 없다. 사실 소수는 수학의 많은 분야에서 활약했다. 특별히 숫자를 다루는 수학의 한 영역인 정수론 부분에서 많이 쓰이게 되었다. 오늘날에는 소수를 바탕으로 하여 암호 체계를 만들고 있다. 우리가 흔히 쓰고 있는 메일 계정의 아이디와 암호의 결합과 같은 경우도 소수를 바탕으로 한 암호 체계이다.

숫자에 대해서 관심이 있다면 숫자를 다루는 분야에 진로를 생각해 보아도 좋다. 위에 이야기한 것처럼 대표적인 분야로 암호 체계를 만들고 이를 분석하는 일을 하는 암호 보안 전문가가 있다. 또한 소수를 잘 이해한다는 것은 숫자 체계를 잘 분석한다는 것을 이야기하므로 숫자와 관련된 분석을 하는 일에도 종사할 수 있다.

숫자와 관련된 직업?

) 메르센 소수 찾기와 Prime 95

소수에 대해서 생각하다 보면 어떤 소수가 가장 큰 소수인지 궁금해진다. 많은 수학자들이 이와 같은 고민을 했다. 이런 고민 도중에 17세기의 수학자 메르센(Mersenne)은 2^n-1의 형태의 소수를 연구했다. 후에 메르센은 숫자 n이 소수일 때, 즉 2^p-1(p는 소수)일 때 이 숫자가 소수가 된다는 추측을 했다. 예를 들면, $2^3-1 = 7$, $2^5-1 = 31$과 같은 숫자이다. 하지만 $2^{11}-1 = 2047 = 23×89$와 같은 반례가 출현하면서 이 주장은 참이 아닌 것으로 되었다. 하지만 아직도 많은 곳에서 소수의 신비를 탐구하고 가장 큰 메르센 소수를 찾기 위해 노력하고 있다.

여러분도 가장 큰 메르센 소수를 구하는 것에 동참할 수 있다. 인터넷에서 간단한 프로그램을 하나만 다운받으면 된다. GIMPS라는 메르센 소수 관련 인터넷 사이트(www.mersenne.org)에 접속하면 된다. 여기서 GIMPS는 'Greatest Internet Mersenne Prime Search(가장 큰 메르센 소수 찾기)'의 약자이다. 이곳에 접속하여 Prime 95라는 프로그램을 자신의 운영 체제(OS) 버전에 맞게 다운로드하여 설치하면 된다. 이후 실행만 해 주면 컴퓨터가 알아서 소수를 찾아가는 과정을 실행한다. 현재 이 Prime 95를 활용하여 찾은 가장 큰 메르센 소수는 2018년 발견된 $2^{77,232,917}-1$(약 2324만 자릿수)이다. 만약 Prime 95를 설치한 여러분의 컴퓨터에서 소수가 발견된다면 이와 관련하여 GIMPS 랭킹에 오를 수 있고 소정의 상금도 받을 수 있는 영광을 받게 된다. 이런 위대한 수학적 작업에 도전해 보는 것은 어떨까?

2 공약수와 최대공약수

소인수 분해를 통해서 숫자의 구성 성분을 알게 되면 어떤 특정한 숫자의 약수를 알 수 있게 된다. 그렇다면 두 가지 이상의 숫자가 있을 때 두 수의 약수 중에 공통적인 약수를 무엇이라고 할까? 그리고 그 약수들 사이에는 무슨 관계가 있을까?

함께 해보기

오늘은 드림이의 생일이었다. 학교에 갔더니 친구들이 선물로 쿠키와 사탕을 주었는데, 쿠키가 12개였고 사탕이 8개였다. 그래서 드림이는 선물로 받은 쿠키 12개와 사탕 8개를 상자에 나누어 담으려고 한다.

1) 각 상자에 있는 쿠키의 개수가 같도록 할 때 필요한 상자의 개수는 몇 개인가?
2) 각 상자에 있는 사탕의 개수가 같도록 할 때 필요한 상자의 개수는 몇 개인가?
3) 쿠키와 사탕을 한꺼번에 담을 때, 각 상자에 있는 쿠키와 사탕의 개수가 같게 하려면 필요한 상자의 개수는 몇 개인가?

위의 〈함께 해보기〉에서 쿠키 12개와 사탕 8개를 같은 비율로 똑같이 담을 때 필요한 상자의 개수는 1, 2, 4개임을 알 수 있다. 이를 12와 8의 약수들 중에서 찾아보면 12와 8의 약수 중에서 공통적으로 있는 약수라는 것을 알 수 있다. 이처럼 두 개 이상의 자연수의 공통인 약수를 공약수라고 한다. 또한 이러한 공약수 중에서 가장 큰 수를 최대공약수라고 한다. 즉, 12와 8의 공약수는 1, 2, 4이므로 최대약수는 4이다. 즉, 두 개 이상 자연수의 공약수는 그들의 최대공약수의 약수임을 알 수 있다.

하지만 이처럼 1 이외에 공통인 약수를 갖지 않는 두 자연수도 있다. 3과 7의 공통인 약수는 1뿐이다. 즉, 최대공약수가 1인 두 자연수를 서로소라고 한다.

》 **다음 중에서 주어진 두 수가 서로소인 것을 모두 찾아라.**

(1) 8, 9　　(2) 27, 36　　(3) 11 , 13　　(4) 15, 20

나의 생각은?

3 소인수 분해를 활용하여 최대공약수 구하기

소인수 분해를 활용하여 최대공약수를 구할 수 있다. 두 개 이상의 자연수가 있을 때에 두 개의 자연수를 소인수 분해하고, 그들의 공통인 소인수를 모두 곱하면 두 수의 최대공약수를 구할 수 있다. 예를 들어 12를 소인수 분해하면 12=2×2×3이고 같은 방법으로 8을 소인수 분해하면 8=2×2×2이므로 두 수의 공통적인 소인수는 2×2이고 두 수의 최대공약수는 4임을 알 수 있다.

 »» **소인수 분해를 활용하여 다음 수의 최대공약수를 구하여라.**

(1) 12, 24　　(2) 8, 40　(3) 5, 10, 30　(4) 6, 24, 66

나의 생각은?

4 유클리드 호제법을 활용하여 최대공약수 구하기

지금까지 공약수와 최대공약수 및 소인수 분해를 활용하여 최대공약수를 구하는 방법에 대해서 알아보았다. 하지만 만약 공약수를 구해야 하는 숫자들이 11349와 51426처럼 크면 어떻게 구할까? 일일이 소인수 분해를 하는 방법도 있지만 소인수 분해를 하기 곤란한 경우도 있다. 이러한 경우에는 유클리드 호제법을 활용하여 구할 수 있다. 여기서 호제(互除)는 '서로 나눈다'는 것을 의미한다. 유클리드 호제법은 나눗셈에 그 기초를 두고 있다.

호제법을 조금 쉽게 이해하기 위해 A에서 B를 연속적으로 빼는 것으로 시작해 보자. (단, A>B라고 하자.) A−B 했을 때에 뺀 숫자가 B보다 크면 그 숫자에서 B를 뺀다. 이것을 계속하다 보면 어느 순간 B가 더 커지는 경우가 있는데 이러한 경우는 뺄셈을 반대로 실행하면 된다. 이제 A=24, B=5라고 하자. A에서 B를 연속적으로 빼면 다음과 같다.

예제 A=24, B=5일 때 연속적인 뺄셈으로 최대공약수 구하기

24−5 = 19 (19가 5보다 크므로 더 뺄 수 있다.)
19−5 = 14 (14가 5보다 크므로 더 뺄 수 있다.)
14−5 = 9 (9가 5보다 크므로 더 뺄 수 있다.)
9−5 = 4 (4가 5보다 작으므로 5에서 4를 뺀다.)
5−4 = 1 (1은 더 이상 다른 숫자로 뺄 수가 없다.)
1은 A와 B 두 숫자보다 작으므로 1이 최대공약수가 된다.

 위의 과정을 활용하여 다음 두 수의 최대공약수를 구하여라.

(1) 26 4

(2) 330 125

나의 생각은?

연쇄적으로 **빼는** 것을 응용하면 나눗셈을 활용할 수 있다. 이해를 돕기 위해 쉬운 숫자부터 시작해 보자. 7과 26의 최대공약수를 구하는 방법을 알아보자. 26=7×3+5이므로 26과 7의 최대공약수는 7과 5의 최대공약수와 같고 7과 5는 서로소이므로 26과 7의 최대공약수는 1임을 알 수 있다. 이제부터 a와 b의 최대공약수를 (a, b)라고 나타내자. 조금 더 큰 숫자를 시도해 보자. 512와 100의 최대공약수를 구해 보자. 위와 같은 과정을 반복하면 된다. $(512, 100)=(100, 12)=(12, 4)=4$임을 알 수 있다. 이제 위의 사실을 활용하여 실제적으로 유클리드 호제법을 활용하여 최대공약수를 구하는 방법을 알아보자.

 탐구 4 ≫ **위의 과정을 활용하여 다음 두 수의 최대공약수를 구하여라.**

(1) 789 105

(2) 1034 340

나의 생각은?

 생각 넓히기 **유클리드 호제법에 대한 증명 및 이해**

유클리드 호제법에 대해서 조금 더 엄밀히 알아보자. 유클리드 호제법은 두 수 A와 B가 있을 때 서로 나누어 두 수를 공통으로 나누는 숫자를 찾는 방법이다. 하지만 그 전에 먼저 짚고 넘어가야 할 내용이 하나 있다. A를 B로 나눌 때에 몫이 q이고 나머지가 r이라고 하자. 우리가 살펴볼 내용은 A와 B의 최대공약수는 B와 r의 최대공약수와 같다는 사실이다.

이제 이 사실을 활용하면 자연수 a와 b가 a>b일 때 다음과 같은 나눗셈을 활용할 수 있다. 이때, r_n은 처음의 두 자연수 a,b의 최대공약수가 된다고 하는 것을 유클리드의 호제법이라 한다. 위의 사실을 증명하면 아래와 같다.

증명

A와 B의 최대공약수를 d라고 하자. 그러면 최대공약수의 정의에 의해 A와 B의 최대공약수는 A와 B를 모두 나눈다. 또한 A=Bq+r이라는 관계식에서 r=A−Bq가 되어 A와 B의 최대공약수 d는 r도 나눈다. 이렇게 되면 공약수의 정의에 의해 d는 B와 r의 공약수가 된다. 이때 이 공약수 중 하나를 c라고 하자. 그러면 c는 공약수의 정의에 의해 B와 r을 나누고 더 나아가 Bq+r=A 역시 나누게 되어 c는 A와 B의 공약수가 된다. c가 d의 공약수이므로 c≤d임을 만족해야 한다. d는 A와 B의 공약수 중 가장 작은 것이므로 c=d가 성립한다. 따라서 A와 B의 최대공약수는 B와 r의 최대공약수와 같다.

5 코딩을 활용하여 최대공약수 구하기

만약 1234567890123456과 1245267364처럼 숫자가 복잡해진다고 하면 어떻게 될까? 아니면, 숫자가 3개 혹은 4개, 5개 이런 식으로 증가한다면 최대공약수를 직접 손으로 구하기는 쉽지 않을 것이다. 최대공약수를 직접 손으로 구해 보고 코딩한 결과와 비교해 보자.

두 수가 주어졌을 때 두 수의 최대공약수를 구해 보자.

1 문제 분석

1. 글상자를 이용하여 두 수의 값과 단계를 표현한다.
2. 유클리드 호제법을 이용하여 두 수의 차를 구하고, 두 수의 대소를 비교하여 큰 수와 작은 수로 구분하여 저장한다.
3. 두 수가 같아질 때까지 반복한다.

2 화면 구성 및 오브젝트

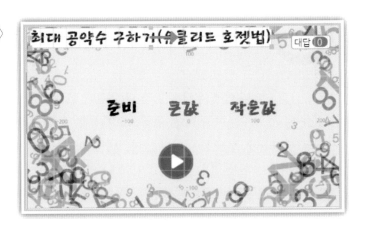

오브젝트명	설명
제목	'최대공약수 구하기(유클리드 호제법)' 제목을 표시하는 글 상자이다.
둥근버튼(앞/뒤)	'큰값' – '작은값'을 구하는 단계를 계속 진행한다.
준비	'준비'라는 글을 표시하는 글 상자로, 시작하면 각 단계의 카운터를 표시한다
큰값	'큰값'이라는 글을 표시하는 글 상자로, 시작하면 두 수 중 큰 값을 표시한다.
작은값	'작은값'이라는 글을 표시하는 글 상자로, 시작하면 두 수 중 작은 값을 표시한다.
숫자나라	배경 화면으로 사용하는 오브젝트이다.

❸ 변수, 신호 설계

변수	설명	변수 보이기
카운터	계산한 단계를 보여준다.	감추기
큰값	두 수 중 큰 값을 저장한다.	감추기
작은값	두 수 중 작은 값을 저장한다.	감추기
임시	두 수를 교환하기 위한 임시 변수이다.	감추기

신호	설명
입력 완료	두 수를 입력받으면 '입력 완료' 신호를 보낸다.
다음 단계	버튼을 클릭하면 '다음 단계' 신호를 보낸다.

❹ 알고리즘 설계

카운터, 큰값, 작은값, 임시 변수를 준비한다.

입력 완료, 다음 단계 신호를 준비한다.

숫자나라 오브젝트, 둥근버튼 오브젝트와 준비, 큰값, 작은값의 글 상자를 준비한다.

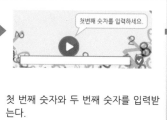

첫 번째 숫자와 두 번째 숫자를 입력받는다.

버튼을 눌러 각 단계별 두 수의 값을 구한다.

두 수의 값이 같아지면 최대공약수를 출력하고 종료한다.

유클리드 호제법	① 두 수 중 큰 수를 A, 작은 수를 B에 저장한다.
	② 두 수를 A와 A - B로 정한 후 큰 수를 A에 작은 수를 B에 저장한다.
	③ A와 B의 값이 같게 될 때 까지 ②를 반복한다.

⑤ 블록 프로그래밍을 이용한 해결

1 엔트리봇 오른쪽에 위치한 ⊠ 버튼을 클릭하여 기본 오브젝트인 '엔트리봇'을 삭제한다.

2 '제목' 글상자를 추가한다. [오브젝트 추가] 창에서 글상자 탭을 선택한 후 '최대 공약수 구하기(유클리드 호젯법)'을 입력하고 '적용하기' 버튼을 클릭하여 오브젝트를 추가한 후 크기를 조절하여 적당한 위치에 배치한다.

3 '준비', '큰값', '작은값' 글상자도 같은 방법으로 추가하고 크기를 적당히 조절하고 다음과 같이 배치한다.

4 '둥근버튼(앞/뒤)' 오브젝트를 추가한다. [오브젝트 추가] 창에서 '둥근버튼'을 검색한 후 '둥근버튼(앞/뒤)'을 선택하고 '적용하기' 버튼을 클릭하여 오브젝트를 추가한 후 크기를 조절하여 적당한 위치에 배치한다.

5 '숫자나라' 오브젝트를 추가하여 배경 그림으로 설정한다.

6 '둥근버튼(앞/뒤)' 오브젝트가 동작할 블록 코딩을 작성한다.

- 시작하기 버튼을 클릭하면 두 수를 입력받는다.
- 두 수의 크기를 비교하여 큰 수를 '큰값' 변수에 작은 수를 '작은값' 변수에 저장한 후 '입력 완료' 신호를 보낸다.

- 오브젝트를 클릭하면 두 수가 같은 값인지를 비교하여 최대공약수인지 판단한 후, 같은 값이 아니면 큰 값과 (큰 값 − 작은 값)을 저장하고 카운터 변수를 1 증가시킨다.

7 '준비' 오브젝트가 동작할 블록 코딩을 작성한다.

- '다음 단계' 신호를 받았을 때 글상자의 내용을 지우고 카운터 변수의 값과 '단계'를 합하여 출력한다.

8 '큰값' 오브젝트가 동작할 블록 코딩을 작성한다.

- '입력 완료' 신호와 '다음 단계' 신호를 받았을 때, 글상자의 내용을 지우고 '큰값' 변수의 값을 출력한다.

9 '작은값' 오브젝트가 동작할 블록 코딩을 작성한다.

- '입력 완료' 신호와 '다음 단계' 신호를 받았을 때 글상자의 내용을 지우고 '작은값' 변수의 값을 출력한다.

■ 완성된 코드

오브젝트	블록 코드

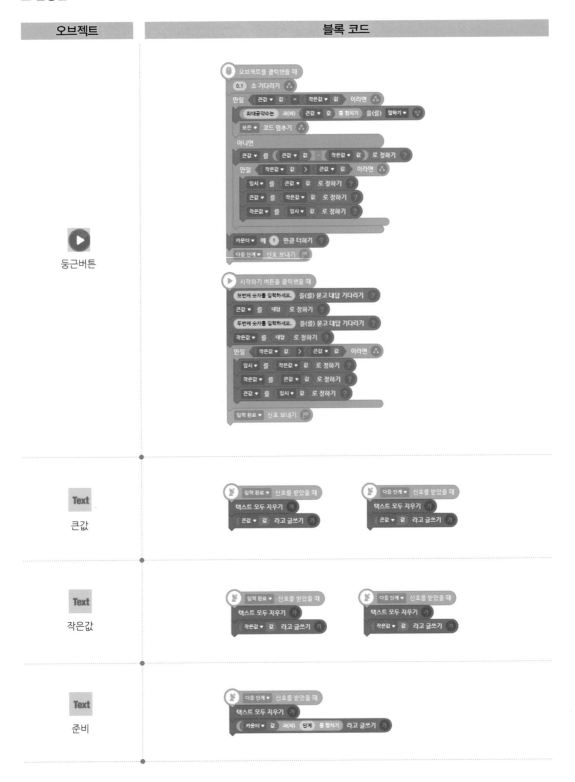

둥근버튼

Text 큰값

Text 작은값

Text 준비

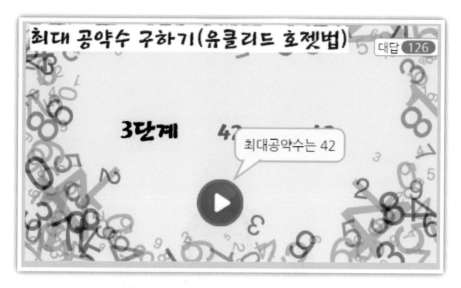

도전 과제!

1. 나머지 연산자를 이용하여 최대공약수를 구하는 단계를 낮춰 보자.
2. 여러 수의 최대공약수를 구하는 블록 프로그램을 만들어 보자.

02

암호 속
수학 이야기

1 암호의 핵심: 잘 숨기기, 들키지 않기

다른 사람이 암호의 뜻을 알아내었다면 실패한 암호이다. 암호는 암호를 쓰기로 약속한 사람들끼리만 알아볼 수 있어야 한다. 암호는 두 가지의 단계를 거쳐서 만들고 해석한다.

먼저, 암호를 쓰기로 한 사람들끼리 암호화를 하는 방법을 만든다. 드림이와 태우는 글자를 단어 단위로 거꾸로 말하는 방식을 만들었다. 태우는 원래 메시지인 '우리 오늘 학교 끝나고 떡볶이 먹으러 갈까?'를 둘만의 암호 방식으로 '리우 늘오 교학 고나끝 이볶떡 러으먹 까갈?'의 암호문으로 바꾼 것이다. 이처럼 원래 메시지를 암호문으로 바꾸는 것을 '암호화'라고 한다.

우리 오늘 학교 끝나고 떡볶이 먹으러 갈까? → **암호화** → 리우 늘오 교학 고나끝 이볶떡 러으먹 까갈?

드림이는 암호를 만들고 해석하는 방법을 알고 있었기 때문에 암호문을 보고 원래 메시지인 '우리 오늘 학교 끝나고 떡볶이 먹으러 갈까?'로 바꿔 읽을 수 있었다. 이처럼 암호문을 원래 메시지로 변환하는 것을 '복호화'한다고 한다.

리우 늘오 교학 고나끝 이볶떡 러으먹 까갈? → **복호화** → 우리 오늘 학교 끝나고 떡볶이 먹으러 갈까?

암호를 만드는 사람들의 첫째 고민은 암호를 쓰기로 약속하지 않은 다른 사람들이 암호문을 보고 원래 메시지를 알아차리지 못하도록 하는 것이다. 즉, 복호화가 어렵도록 만드는 것이다. 그다음 고민은 암호화 과정이 어렵거나 힘들지 않아야 한다는 것이다. 암호문을 만드는 데만 백년이 걸리는 암호라면 누가 쓸 수 있겠는가? 그래서 사람들은 암호에 수학을 이용하기 시작했다. 우리는 암호에 쓰이는 수학 원리 중 몇 가지를 알아보려고 한다.

원래 메시지   암호화   ???   복호화   원래 메시지

함께 해 보기

＊모둠원끼리만 통할 수 있는 암호를 만들어 보고 그 원리를 써 보자.

생각 넓히기

스테가노그라피(steganography)

'덮다'라는 뜻을 가진 그리스어 스테가노스(steganos)와 '쓰다'라는 뜻을 가진 그리스어 그라페인(graphein) 두 단어가 합쳐진 용어로, 여기에 숨겨진 메시지가 있다는 사실 자체를 감추는 방법이다. 얼핏 봐서는 암호문인줄 모르는 경우가 많다. 디지털 이미지에 또 다른 디지털 이미지를 숨겨 놓기도 하고, 프린터 회사에서는 스테가노그라피 프린터를 만들기도 한다.

스테가노그라피

스테가노그라피가 숨긴 이미지

0.313131313131…, 9.176176176176…과 같이 소숫점 아래 숫자가 일정하게 반복되는 소수를 순환소수라고 한다.

사이테일은 순환소수에서 볼 수 있는 순환성을 이용한 암호이다. 긴 종이를 둘둘 말아 사이테일을 만들어 보자.

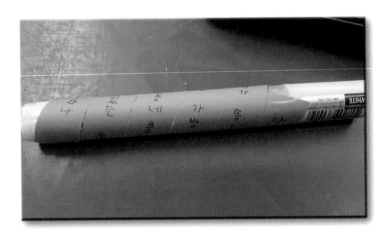

❶ 종이를 긴 직사각형 모양으로 잘라 준다. (1×30cm 정도면 충분하다.)
❷ 연필에 둘둘둘 감는다.
❸ 한 줄에 원하는 메시지를 적는다. (펼쳤을 때 세로로 보이게 적는 것이 좋다.)
❹ 펼친 후 메시지가 들통 나지 않도록 다른 말들로 메꾸어 적는다.

나의 생각은?

3 시저 암호, +3과 −3의 세계

유명한 로마의 황제, 시저의 이야기를 통해 시저가 받은 암호를 풀어 보자.

*시저는 다음과 같은 암호문을 받았다. 무슨 뜻인지 맞혀 보자. 아주 중요한 내용일 것이다!

EHFDUHIXOIRUDWDVLQDWRU

❶ 시저 암호 암호화 방법

시저 암호는 알파벳 순으로 세 개의 알파벳을 밀려서 쓰는 방식을 갖고 있다. 즉, 알파벳 A는 D로, 알파벳 C는 F로 바꾸는 것이다. MATH를 시저 암호문으로 바꾸어 보면 PDWK이다.

원래메시지	M	A	T	H
암호화	→N→O→P	→B→C→D	→U→V→W	→I→J→K
암호문	P	D	W	K

알파벳에 번호를 붙이면 시저 암호를 좀 더 편하게 다룰 수 있다. 영문 알파벳 26개를 표와 같이 0부터 25까지의 수에 각각 연결해 보자.

알파벳	A	B	C	D	E	F	G	H	I	J	K	L	M
알파벳번호	0	1	2	3	4	5	6	7	8	9	10	11	12
알파벳	N	O	P	Q	R	S	T	U	V	W	X	Y	Z
알파벳번호	13	14	15	16	17	18	19	20	21	22	23	24	25

시저 암호는 세 개의 알파벳을 밀려 쓰므로 시저 암호를 함수로 나타낸다면 원래의 수에 3씩 더하는 함수인 $f(x)=x+3$으로 생각할 수 있다. 이 함수를 이용하여 MATH를 암호문으로 변환해 보자. MATH를 숫자표를 이용하여 숫자로 나타내 보면, 12 - 0 - 19 - 7이 된다. $f(12)=15$, $f(19)=22$, $f(19)=22$, $f(7)=10$이므로, 15 - 3 - 22 - 10이 된다. 위 숫자들을 표에서 찾아보면, P, D, W, K가 각각 대응된다. 이 과정을 통해 MATH의 시저 암호문인 PDWK를 쉽게 구할 수 있다.

원래 메시지		M	A	T	H
알파벳 번호	x	12	0	19	7
시저 암호화	$f(x)=x+3$	15	3	22	10
암호문		P	D	W	K

 탐구 1 》》 **다음을 시저 암호문으로 바꿔 보자.**

(1) SCHOOL

(2) BOOK

(3) PENCIL

(4) COMPUTER

(5) I LOVE YOU

❷ 나누기 연산

이제 ZOO(동물원)를 암호화해 보자. Z는 25이고, O는 14이므로 원래 메시지는 25 - 14 - 14가 된다. 암호화하면 28 - 17 - 17 이다. 그러나 28은 대응하는 알파벳이 없다. 여기서 나머지를 이용하면 아주 쉽다. 시저 암호는 26개의 알파벳을 이용하는 암호이고, 3개씩 알파벳이 밀려지므로 26으로 나누었을 때의 나머지를 생각하면 된다. $f(28)=2$인 것이다.

> 시저 암호 함수: $f(x)=\{(x+3)$을 26으로 나눈 나머지$\}$

나누기 연산의 계산 값을 수학 기호(≡)를 사용하여 나타낼 수 있다. 예를 들어 13을 5로 나눈 나머지가 3이므로 13≡3(mod 5)로 나타낼 수 있다. 20을 7로 나눈 나머지는 6이므로 20≡6(mod 7)과 같이 나타낼 수 있다.

나누기 연산 기호를 사용하면 $f(x)≡x+3$ (mod26)로 표현할 수도 있다.

❸ 시저 암호 복호화 방법

암호화 방법을 알았으니 복호화도 쉽게 할 수 있다! 암호화가 3을 더하는 것이었으니 복호화는 3을 빼면 되지 않을까? 다음과 같이 예측해 보았다.

> 시저 암호 복호화 함수: $g(x) = x - 3$

$f(x) = \{(x+3)$을 26으로 나눈 나머지$\}$로 예측했던 것과 같이 위에서 예측한 시저 암호 복호화 함수 $g(x) = x - 3$만으로는 뭔가 조금 부족하다. 이 함수는 모든 x값에 적합하지는 않다.

1. 위에서, 문제가 되는 x값을 구해 보자.

나의 생각은?

2. 시저 암호 복호화 함수를 수정해서 적어 보자.

나의 생각은?

❹ 시저 황제가 받은 암호문 복호화하기

| EHFDUHIXOIRUDVVDVLQDWRU |

알파벳 번호표를 참조하여 암호문을 해석해 보자.

암호문	E	H	F	D	U							
숫자	4	7	5	3	20							
암호문												
숫자												
암호문				4–7–5–3–20–								
숫자												

A	B	C	D	E	F	G	H	I	J	K	L	M
0	1	2	3	4	5	6	7	8	9	10	11	12
N	O	P	Q	R	S	T	U	V	W	X	Y	Z
13	14	15	16	17	18	19	20	21	22	23	24	25

시저 암호 복호화 함수를 거쳐 암호문을 복호화해 보자.

암호문	4	7	5	3	20					
복호문	1	4	2	0	17					
메시지	B	E	C	A	R					

암호문	17	20	3	21	21	3	21	11	16	3
복호문	14	17	0	18	18	0	18	8	13	0
메시지	O	R	A	S	S	A	S	I	N	A

암호문	22		
복호문	19		
메시지	T		

4 소인수 분해를 이용한 보안 체계, RSA

1977년 '사이언티픽 아메리칸'이란 잡지에 100달러의 상금이 걸린 문제가 소개되었다. 어떤 수를 소인수 분해하라는 아주 간단한 문제였다.

11438162575788886766923577997614661201021829672124236256184293570693524573389 7830597123563958705058989075147599290026879543541

이 수는 1994년 4월 26일이 되어서야 풀렸다. 그것도 1600대의 컴퓨터를 이용하여 8개월이 걸려서. 소인수 분해까지 17년이 걸리게 한 이 문제를 낸 것은 RSA라는 컴퓨터 시스템 개발자 팀이었던 로널드 리베스트(Ronald Rivest), 아디 샤미르(Adi Shamir), 레너드 애들먼(Leonard Adleman)의 앞 글자를 따 이름을 만든 것이다.

이 팀은 1977년 RSA 알고리즘을 개발했다. RSA 알고리즘은 '암호화 키'와 '복호화 키'로 구성되고 암호화 키는 공개된다. 사람들은 '암호화 키'를 통해 자신의 메시지를 쉽게 암호화시킬 수 있다. 그러나 '복호화 키'는 은행에서 인터넷 뱅킹 사용 시 나눠 주는 보안 카드같이 사용자만이 알고 있다. 이 암호화 키와 복호화 키는 소수와 소인수 분해의 성질을 이용하도록 만들어져 있다.

두 정수의 공약수가 1뿐일 때 두 수는 서로소인 관계에 있다고 한다. 실제 RSA 알고리즘에서 쓰이는 소수는 굉장히 큰 소수 하나와 작은 소수 하나이다. RSA 알고리즘의 핵심은 '나만 알고 있는 복호화 키'인데, 그 복호화 키는 '서로소'의 개념을 통해 만들어진다. 서로소의 개념을 이용하면 몇 단계를 거쳐 항상 나머지를 1로 만들 수 있다.

자연수 (N)	N보다 작으면서 N과 '서로소인 자연수	N보다 작으면서 N과 '서로소인 자연수의 개수(M)	거듭제곱 (M제곱)	나머지 (M제곱한 수를 N으로 나눈 나머지)
2	1	1	1^1	1^1을 2로 나눈 나머지 : 1
3	1, 2	2	1^2, 2^2	1^2, 2^2을 3으로 나눈 나머지: 1
5	1, 2, 3, 4	4	1^4, 2^4, 3^4, 4^4	1^4, 2^4, 3^4, 4^4을 5로 나눈 나머지: 1
6	1, 5	2	1^2, 5^2	1^2, 5^2을 6으로 나눈 나머지:1

5 코딩을 활용하여 시저 암호문 구하기

'암호학'은 수학의 한 분야를 차지할 만큼 다양하고 복잡하며 여러 학문적 배경이 결합되어 발전하고 있다. 암호학의 핵심은 수학을 이용하여 암호를 고안하고, 그것을 컴퓨터를 이용하여 구현하는 것이다. 매년 해킹 대회가 열리고 있고, 우리나라 대표들도 매년 참가하고 있다. 우리도 코딩을 이용하여 시저 암호를 만들어 보자.

코딩!!

7자로 이루어진 단어와 키를 입력받아 시저 암호화 알고리즘을 이용하여 암호화해 보자.

1 문제 분석

1. 글자 수는 7자이다.
2. 문자열로 입력받은 단어를 글자별로 분리한다.
3. 입력받은 글자에서 시저 암호로 변환을 위한 키와 대응되는 알파벳을 구한다.

2 화면 구성 및 오브젝트

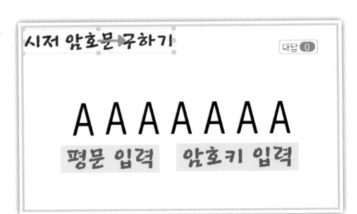

오브젝트명	설명
제목	'시저 암호문 구하기' 제목을 표시하는 글상자이다.
평문 입력	'평문 입력'이라는 글을 표시하는 글상자로, 클릭하면 일곱 글자를 입력받아 단어 리스트에 저장한다.
암호키 입력	'암호키 입력'이라는 글을 표시하는 글상자로, 클릭하면 암호화 키를 입력받아 단어 리스트에 있는 값에 암호화 키를 더해서 단어_암호화 리스트에 저장한다.
글자1~글자7	'A'라는 글을 표시하는 글상자로, 평문을 입력한 내용의 각 글자와 암호문으로 변환된 각 글자의 내용을 표시한다.

❸ 변수, 리스트, 신호 설계

변수	설명	변수 보이기
알파벳 위치	입력된 글자에 해당하는 알파벳 위치를 나타낸다.	감추기
단어 위치	입력된 단어에서 각 글자의 위치를 나타낸다.	감추기

리스트	설명	변수 보이기
알파벳	리스트를 추가하면서 알파벳 26자를 순서대로 입력한다.	감추기
단어	입력된 단어의 각 글자에 해당하는 알파벳 위치(1~26)를 하나씩 분리하여 저장한다. (입력 단어 : ABCDXYZ → 단어 리스트 : 1 2 3 4 24 25 26)	감추기
단어_암호화	단어 리스트에 있는 알파벳 위치에 암호화 키를 더하여 저장한다.	감추기

신호	설명
단어 입력 완료	단어를 입력하면 신호를 보낸다.
암호화 완료	암호화 키를 입력받아 암호화를 완료하면 신호를 보낸다.

④ 알고리즘 설계

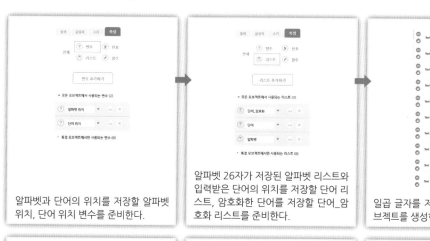

알파벳과 단어의 위치를 저장할 알파벳 위치, 단어 위치 변수를 준비한다.

알파벳 26자가 저장된 알파벳 리스트와 입력받은 단어의 위치를 저장할 단어 리스트, 암호화한 단어를 저장할 단어_암호화 리스트를 준비한다.

일곱 글자를 저장할 수 있는 글상자 오브젝트를 생성한다.

평문을 입력받아 한 자씩 분리하여 각 단어별 알파벳 리스트의 위치를 단어 리스트에 저장한다.

암호화 키를 입력받아 알파벳 리스트를 참조하여 암호화할 단어의 위치를 단어_암호화에 저장한다.

입력받은 평문 MIRACLE을 암호화 키가 3일 때, 시저 암호문으로 암호화한 결과를 구한다.

❺ 블록 프로그래밍을 이용한 해결

１ 엔트리봇 오른쪽에 위치한 ⊠ 버튼을 클릭하여 기본 오브젝트인 '엔트리봇'을 삭제한다.

２ '제목' 글상자를 추가한다. [오브젝트 추가] 창에서 글상자 탭을 선택한 후 '시저 암호문 구하기'를 입력하고 '적용하기' 버튼을 클릭하여 오브젝트를 추가한 후 크기를 조절한다. (글꼴과 색상은 임의로 지정한다.)

３ 입력받은 단어에서 한 글자씩 분리하여 저장할 글상자 오브젝트를 추가한다.

오브젝트 추가하기 버튼을 클릭하면 나타나는 [오브젝트 추가하기] 창에서 글상자 탭을 선택하여 글꼴을 고딕체로 선택한 후 'A'를 입력하고 '적용하기' 버튼을 클릭하여 오브젝트를 추가한 후 크기를 60으로 변경한다.

４ **３**의 글상자를 6번 복사하여 7개의 글상자를 준비하고 가로로 연속하여 배치한다.

５ 시저 암호화 작업을 단계적으로 수행할 [평문 입력]과 [암호키 입력] 글상자 오브젝트를 추가한다. [오브젝트 추가] 창에서 글상자 탭을 선택한 후 '평문입력'을 입력하고 '적용하기' 버튼을 클릭하여 오브젝트를 추가한 후 크기와 위치를 적절히 조정한다. '암호키 입력' 글상자 오브젝트도 같은 방법으로 추가한다.

 →

6 '평문 입력' 오브젝트가 동작할 블록 코딩을 작성한다.

• 시작하기 버튼을 클릭하면 모양을 보인다.

• 글자 수가 일곱 글자가 될 때까지 입력받는다.

• 일곱 글자 중에서 차례대로 알파벳 리스트의 위치를 파악하여 단어 리스트에 위치값을 숫자로 저장한다.

• 입력한 평문의 위치를 모두 저장했으면 '단어입력 완료' 신호를 보내고 모양을 숨긴다.

7 '암호키 입력' 오브젝트가 동작할 블록 코딩을 작성한다.

• 시작하기 버튼을 클릭하면 모양을 숨긴다.

- '단어입력 완료' 신호를 받으면 모양을 보인다.

```
단어입력 완료 ▼ 신호를 받았을 때
모양 보이기
```

- 암호화할 키를 입력받는다.

```
암호화할 키를 입력하세요. 을(를) 묻고 대답 기다리기
단어 위치 ▼ 를 0 로 정하기
```

- '단어' 리스트에 있는 값과 암호화 키 값을 계산하여 '단어_암호화' 리스트에 저장한다. 이때 계산한 값이 26보다 크면 26을 빼 준다.

```
7 번 반복하기
  단어 위치 ▼ 에 1 만큼 더하기
  만일 단어 ▼ 의 단어 위치 ▼ 값 번째 항목 + 대답 < 26 이라면
    단어 ▼ 의 단어 위치 ▼ 값 번째 항목 + 대답 을(를) 단어_암호화 ▼ 의 단어 위치 ▼ 값 번째에 넣기
  아니면
    단어 ▼ 의 단어 위치 ▼ 값 번째 항목 + 대답 - 26 을(를) 단어_암호화 ▼ 의 단어 위치 ▼ 값 번째에 넣기
```

- 암호화가 완료되면 '암호화 완료' 신호를 보내고 텍스트를 모두 지우고 '암호화 완료!'라고 글을 쓴다.

```
암호화 완료 ▼ 신호 보내기
텍스트 모두 지우기
암호화 완료! 라고 글쓰기
```

8 글상자 7개 오브젝트의 블록 코딩을 작성한다. 이때 글상자 7개의 블록 코딩은 '1번째 항목'의 숫자가 1에서 7로 구성된다.

```
단어입력 완료 ▼ 신호를 받았을 때
  알파벳 ▼ 의 단어 ▼ 의 1 번째 항목 번째 항목 라고 글쓰기

암호화 완료 ▼ 신호를 받았을 때
  알파벳 ▼ 의 단어_암호화 ▼ 의 1 번째 항목 번째 항목 라고 글쓰기
```

6 결과 확인

1 완성된 코드

오브젝트	블록 코드

Text 글자1~글자7

```
단어입력 완료▼ 신호를 받았을 때
알파벳▼ 의 단어▼ 의 1 번째 항목 번째 항목 라고 글쓰기 기

암호화 완료▼ 신호를 받았을 때
알파벳▼ 의 단어_암호화▼ 의 1 번째 항목 번째 항목 라고 글쓰기 기
```

Text 평문 입력

```
오브젝트를 클릭했을 때
( 대답 의 글자 수 = 7 이 될 때까지▼ ) 반복하기
7자 영단어를 입력하세요. 을(를) 묻고 대답 기다리기
7 번 반복하기
  단어 위치▼ 에 1 만큼 더하기
  알파벳 위치▼ 를 0 로 정하기
  26 번 반복하기
    알파벳 위치▼ 에 1 만큼 더하기
    만일 ( 대답 의 단어 위치▼ 값 번째 글자 의 대문자▼ = 알파벳▼ 의 알파벳 위치▼ 값 번째 항목 ) 이라면
      알파벳 위치▼ 값 을(를) 단어▼ 의 단어 위치▼ 값 번째에 넣기
      반복 중단하기
단어입력 완료▼ 신호 보내기
모양 숨기기

시작하기 버튼을 클릭했을 때
모양 보이기
```

Text 암호키 입력

```
시작하기 버튼을 클릭했을 때
모양 숨기기

단어입력 완료▼ 신호를 받았을 때
모양 보이기

오브젝트를 클릭했을 때
암호화할 키를 입력하세요. 을(를) 묻고 대답 기다리기
단어 위치▼ 를 0 로 정하기
7 번 반복하기
  단어 위치▼ 에 1 만큼 더하기
  만일 ( 단어▼ 의 단어 위치▼ 값 번째 항목 + 대답 < 26 ) 이라면
    ( 단어▼ 의 단어 위치▼ 값 번째 항목 + 대답 ) 을(를) 단어_암호화▼ 의 단어 위치▼ 값 번째에 넣기
  아니면
    ( 단어▼ 의 단어 위치▼ 값 번째 항목 + 대답 ) - 26 을(를) 단어_암호화▼ 의 단어 위치▼ 값 번째에 넣기
암호화 완료▼ 신호 보내기
텍스트 모두 지우기
암호화 완료! 라고 글쓰기
```

시저 암호문 구하기   대답 3

FKRLFHV

암호화 완료!

도전 과제!

1. 글자 10자를 입력받을 수 있도록 코드를 고쳐 보자.

2. 글자 7자로 이루어진 시저 암호문과 키를 입력받아 평문으로 바꾸는 블록
   코드를 작성해 보자.

숫자를 다루는 직업

애널리스트

경제 동향을 살피고 앞으로의 주식 수입 및 주가를 전망하는 애널리스트에게는 경제학적 지식도 많이 필요하지만 수학적인 감각, 특히 수와 관련된 많은 지식이 필요하다. 국내외 경제 상황 및 산업·기업별 정보를 수집·분석한다. 환경 변화에 따라 담당 산업을 전망한다. 주식 및 채권 보고서, 경제 예측, 거래량, 금융 잡지, 증권 편람, 회사 재무제표 등을 활용하여 회사, 주식, 채권 및 기타 투자에 대한 정보를 수집한다. 산업 전망에 따라 주식 및 파생 상품 시장의 관계를 분석하고 동향을 분석한다. 개별 기업들의 영업 환경 및 주요 자금 운용 계획, 재무 분석 등을 통해 향후 수익 및 주가를 전망한다. 저평가된 기업들의 적정 주가를 다양한 평가 방법으로 재산정한다. 종목별 또는 상품별 매매가와 거래량 등의 추이 및 시황을 분석하여 주식 및 파생 상품 투자 전략을 수립한다. 분석 결과를 보고서로 작성하고 발표한다.

(출처 - 워크넷 한국직업사전)

외환 딜러

외환 딜러는 세계 정세 변화와 경제 지표 및 금융 관련 정보를 수집하고 국제 외환 거래소 등의 국제 금융 시장에서 거래되는 외환의 시장 추이를 분석한다. 외환 시장이 열리면 금융결제원 자금 중개실에서 컴퓨터 모니터로 띄워 주는 주요 통화의 시세를 보면서 매수 또는 매도 주문을 낸다. 이때 어떤 외화를 매수할지 혹은 매도할지에 대해서 많은 숫자적인 감각이 필요하다. 국제 금융 시장에서 통용되는 외환과 파생 상품을 가장 싼 시점에 사들여서 가장 비쌀 때 팔아 그 차액을 많이 남겨 은행이나 기업에 최대의 이익을 창출한다. 시시각각 변하는 외환 거래 상황과 환율 변동에 주시하고, 수시로 고객이나 외국의 외환 딜러들과 정보를 교환한다. 분석과 정보 교환을 통해 환율 변화를 예측하고, 환율 변화에 따른 손실 발생 방지 및 환차익을 남기기 위해 매매 시점을 포착한 후 외환과 외환 선물 상품을 매매한다. 매매 체결 내역을 확인하고 통보한다.

(출처 - 워크넷 한국직업사전)

숫자를 다루는 직업을
아는 대로 써 볼까요?

삐빅!
바코드입니다!

1 과자에도, 아이스크림에도 있는 것 - 바코드

바코드는 미국에서 상품에 붙이던 통일 상품 코드(UPC, Universal Product Code)에서 시작되었다. 통일 상품 코드는 식품과 잡화류 등 이른바 슈퍼 아이템 상품에 관한 제조업, 도매업, 소매업 등의 7개 단체에 의한 공통 상품 코드이며 12개의 숫자로 구성되어 있다. 12개의 숫자는 네 부분으로 나뉘는데, 첫 번째 수는 생산 품목을, 그 다음 다섯 개 숫자는 제조 업체 코드이다. 이어지는 다섯 수는 상품 코드이며, 마지막 수는 체크 숫자이다.

○	○ ○ ○ ○	○ ○ ○ ○ ○	○
생산 품목	제조업체 코드	상품 코드	체크숫자

우리나라는 GS1의 회원국으로, 국제표준 상품 식별 코드(GTIN)을 사용하고 있다. GTIN은 대한상공회의소 유통물류진흥원(www.gs1kr.org)에서 유통 표준 코드 회원으로 가입한 후 바코드를 부여받을 수 있다.

바코드의 규격은 상품의 크기에 따라 여러 가지가 가능하며, 색상 조합은 바코드 스캐너가 읽을 수 있는 대조가 뚜렷한 색상 조합이면 가능하다.

•판독 가능한 색상 조합

바코드 스캐너는 밝은 바와 어두운 바의 색상을 대조하여 바코드를 판독한다.

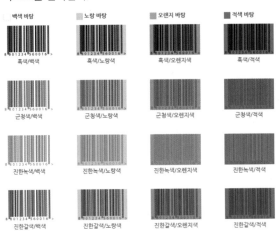

2 전 세계적인 약속을 따르는 우리나라 바코드

우리가 사는 거의 대부분의 상품에는 바코드가 붙어 있다. 바코드는 두 가지 부분으로 이뤄져 있다. 바코드 스캐너가 인식하는 막대(Bar) 부분과 사람이 인식하는 숫자 부분이다. 기계로 잘 인식이 안 될 때, 직원분들이 계산기에서 두드리는 숫자가 바로 막대 아래에 쓰여 있는 숫자들이다.

바코드 스캐너가 인식하는 막대(Bar) 부분

사람이 인식하는 숫자 부분

GTIN-13의 표준 구성

우리나라 안에서뿐만 아니라 전 세계적으로 통용될 수 있는 공통적인 바코드 방식을 택하고 있는데, 그것이 바로 국제 표준 상품 코드(GTIN, Global Trade Item Number)이다. GTIN은 검은 색과 흰색, 혹은 대조가 분명한 얇고 굵은 선들(바코드) 아래에 적혀 있는 숫자의 개수에 따라 3가지 종류로 구분된다. 바로 8자리 숫자 코드(GTIN-8), 13자리 숫자 코드(GTIN-13), 14자리 숫자 코드(GTIN-14)이다.

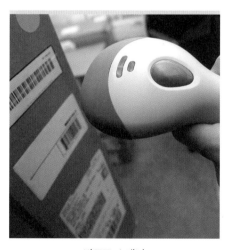

바코드 스캐너

껌과 같은 아주 작은 상품에는 8자리 GTIN을 사용하며, 물류 센터에서 유통되는 박스나 팰릿에는 14자리 숫자 코드를 사용한다. 우리가 평소에 자주 접하는 소매 상품에는 표준형 13자리 숫자 코드 GTIN-13이 사용된다.

GTIN의 구성 방식은 조금씩 다르지만 공통적으로 '업체 코드', '상품 코드', '검증 번호(체크디지트)'로 구성되어 있다. 업체 코드의 앞 3자리는 국가 코드 부분이며 우리나라 국가 코드는 880이다.

• GTIN 코드 구조

GTIN 유형	코드 구조			
	물류 식별자	업체 코드	상품 코드	검증 번호
GTIN-8	–	N1 N2 N3 N4 N5 N6	N7	N8
GTIN-13 (업체 코드가 9자리인 경우)	–	N1 N2 N3 N4 N5 N6 N7 N8 N9	N10 N11 N12	N13
GTIN-14 (업체 코드가 9자리인 경우)	N1	N2 N3 N4 N5 N6 N7 N8 N9 N10	N11 N12 N13	N14

• 표준형 13자리 숫자 코드 해석하기

		국가 코드						
업체 코드	8	8	0	1	0	6	9	3	0
상품 코드	2	0	4					
검증 번호	1							

이처럼 바코드에는 어떤 업체가 제작한 무슨 제품인지에 대한 정보가 담겨 있다. 슈퍼마켓 같은 곳에서 봤던 빨간 불이 나는 기계는 '바코드 스캐너' 혹은 '바코드 리더'라고 하는 기계이다. 스캐너로 바코드를 읽으면 검은색 막대는 대부분의 빛을 흡수하여 적은 양의 빛을 반사하고, 반대로 흰색 공백은 많은 양의 빛을 반사한다. 포토센서는 이러한 반사율의 차이를 아날로그인 전기 신호로 바꾸고 다시 이를 디지털인 0과 1, 즉 이진법의 수로 나타낸다. 마지막으로 0과 1의 조합에 따라 0부터 9까지의 십진법의 수를 알아낸다.

바코드 리더를 이용하지 않고도 바코드 숫자를 이용하여 제품에 대한 정보를 알아낼 수 있다. 대한상공회의소 유통물류진흥원 홈페이지의 바코드 조회 기능을 이용하면 바코드 번호를 이용하여 정보를 얻을 수 있다.

위 그림의 바코드 번호 8801069302041 중에서 마지막 1자리의 숫자를 제외한 앞에서부터 12자리 바코드 번호 880106930204를 입력하면 업체에 대한 정보를 얻을 수 있다. 외국 제품의 바코드도 조회가 가능하므로, 상품이 외국어로 쓰여 있어 업체에 대한 정보를 얻기가 어려울 때에 사용하면 유용하다.

주변에서 여러 종류의 바코드를 찾아보자. 바코드 번호를 통해 어떤 나라의 어떤 업체의 제품인지 정보를 찾아보자.

대한상공회의소 유통물류진흥원 홈페이지(www.gs1kr.org) – 유통표준코드회원 – 바코드 번호로 업체 검색

3 바코드에는 얼마나 많은 정보를 담을 수 있을까?

❶ 얼마나 많은 업체가 GTIN을 사용할 수 있을까?

GTIN-13을 기준으로 보았을 때, 업체 코드는 9자리이다.

업체 코드								
N1	N2	N3	N4	N5	N6	N7	N8	N9

각 코드 자리에 들어갈 수 있는 수는 0부터 9까지 10가지가 가능하다. 경우의 수를 사용해 계산해 보면 GTIN-13을 사용할 수 있는 업체 수를 구해 볼 수 있다. 각 자리에 들어갈 수 있는 10가지의 경우(0~9)를 생각해 보면 GTIN을 사용할 수 있는 업체 수는 $10 \times 10 \times 10 \times 10 \times 10 \times 10$개. 즉, 10^6개이다.

우리나라에서는 얼마나 많은 업체가 GTIN을 사용할 수 있을까? 우리나라의 국가 코드는 880이어서 업체 코드가 880으로 시작한다. 앞의 3자리를 빼고 나머지 6자리에 들어갈 수 있는 각 10가지의 경우(0~9)를 생각해 보면 우리나라에서 GTIN을 사용할 수 있는 업체 수는 $10 \times 10 \times 10 \times 10 \times 10 \times 10$개. 즉, 10^6개이다.

대한민국 업체 코드								
8	8	0	N4	N5	N6	N7	N8	N9

>>> 프랑스의 GTIN 국가코드는 300~379이다. 즉, 300번부터 379번까지 모든 번호를 사용할 수 있다. 프랑스에서 GTIN을 사용할 수 있는 업체 수는 최대 몇 개일까?

나의 생각은?

❷ 각 업체는 몇 개의 바코드를 만들 수 있을까?

13자리 바코드의 구성을 다시 한 번 생각해 보자. 앞에서부터 9자리는 업체 코드, 그 뒤의 3자리는 상품 코드, 마지막 한 자리는 체크 코드이다.

13자리 바코드의 구성												
업체 코드									상품 코드			체크 코드
N1	N2	N3	N4	N5	N6	N7	N8	N9	N10	N11	N12	N13

각 업체는 최대 몇 개의 상품 코드를 받을 수 있을까? 예를 들면 880106930이라는 업체 코드를 갖고 있는 업체는 아래 표와 같이 바코드를 구성할 수 있다.

880106930 업체 코드를 갖고 있는 업체의 13자리 바코드의 구성												
업체 코드									상품 코드			체크 코드
8	8	0	1	0	6	9	3	0	N10	N11	N12	N13

상품 코드에 각 자리에 들어갈 수 있는 수는 0부터 9까지 가능하므로 경우의 수를 이용하여 구해보면 이 업체가 부여받을 수 있는 상품 코드는 10×10×10개, 즉, 10^3=1000개이다.

 위의 정보를 이용하여 GTIN-13 바코드에 등록될 수 있는 상품의 총 개수를 구해보자.

나의 생각은?

❸ 제대로 된 바코드 숫자인지 확인하는 숫자, 체크 코드

지금까지 13자리 바코드의 앞 12자리에 대해 알아보았다. 마지막 한 자리는 대체 어떤 역할을 하는 것일까? 마지막 자리는 '체크 코드'라고 한다. 이 바코드가 제대로 쓰였는지 확인하는 숫자이다. 부여된 업체 코드와 상품 코드를 통해 만드는 숫자이다.

1) 체크 코드 부여하기

체크 코드를 부여하는 방법은 생각보다 매우 간단하다. 우선, 앞에서부터 12자리에 1과 3을 번갈아 가며 곱하고 다 더한다. 그리고 그 수의 일의 자리수를 체크 코드로 쓴다.

예를 들어 13자리 코드 8801069302041에서 체크 코드는 1이다. 이 체크 코드가 어떻게 만들어졌는지 확인해 보자. 12개의 숫자 8, 8, 0, 1, 0, 6, 9, 3, 0, 2, 4에 번갈아 가며 1과 3을 곱한 후 그 숫자들을 다 더하면 81이다. 81의 일의 자리 숫자 1이 체크 코드가 된다.

코드	8	8	0	1	0	6	9	3	0	2	4	총합
	×1	×3	×1	×3	×3	×3	×1	×3	×1	×3	×1	
	=8	=24	=0	=3	=0	=18	=9	=9	=0	=6	=4	81

 탐구 ❸ »»

드림이가 친구들과 축구를 하고 돌아오는 길에 목이 말라 우유를 샀다. 우유 상자의 종이가 약간 벗겨져 바코드 부분이 조금 벗겨져 있었다. 바코드 막대 부분 종이까지 벗겨져 바코드 리더기로도 읽히지 않았다. 편의점 직원은 앞에서부터 12자리 부분 880106918519는 보이지만 마지막 숫자는 지워져서 보이지 않아 직접 숫자를 입력하기도 어렵다고 했다. 이때, 드림이는 바코드 구성 원리를 알고 있었기 때문에 마지막 숫자를 알아낼 수 있었다. 마지막 숫자는 무엇이었을까?

나의 생각은?

2) 체크 코드의 역할

880106930241이라는 코드를 바코드 리더기가 인식하면, 체크 코드를 이용해 기계가 바코드를 잘 인식한 것인지 확인한다. 혹시 바코드 리더기가 고장 나서 숫자를 바꿔서 인식하면 어떻게 될까? (초기 바코드 리더기의 가장 흔한 오류였다고 한다.)

880106930241이라는 코드에서 세 번째 자리 숫자 0과 네 번째 자리 숫자 1을 바꿔서 881006930241이라고 인식하게 된다면 어떤 일이 일어날까?

원래 코드	8	8	0	1	0	6	9	3	0	2	4	총합
	×1	×3	×3	×3	×1	×3	×1	×3	×1	×3	×1	
	=8	=24	=0	=3	=6	=18	=9	=9	=0	=6	=4	81
잘못 인식된 코드	8	8	1	0	0	6	9	3	0	2	4	총합
	×1	×3	×1	×3	×1	×3	×1	×3	×1	×3	×1	
	=8	=24	=1	=0	=0	=18	=9	=9	=0	=4	=4	79

기계가 코드 자리를 바꾸어 인식했다면 이 기계는 체크 코드를 통해 뭔가 잘못되었다고 판단할 수 있게 된다. 만약 기계가 인식한 88100693024가 맞는다면 체크 코드는 1이 아니라 9가 되어야 한다. 그러니 기계는 이제 다음과 같은 예측으로 자가 진단을 할 수 있게 된다.

> 예측1: 881006930241은 올바른 바코드가 아니다.
> 예측2: 앞부분 88100693024를 읽는 데서 오류가 발생했다.
> 예측3: 체크 코드 1을 읽는 데서 오류가 발생했다.

위와 같은 과정을 통해 기계는 체크 코드를 이용하여 기계가 바코드를 인식하는 데서 오류가 발생했음을 찾아낼 수 있게 된다. 참고로 체크 코드는 코리안넷(대한상공회의소 유통물류진흥원 전자 카탈로그)의 체크디지트 계산 서비스를 통해 자동으로 계산할 수 있다.

❹ 1차원 바코드, 2차원으로 높이면?

수직선은 기준점(원점)을 중심으로 양수와 음수를 대응시킨 직선이다. 원점에는 수 0(zero)를 대응시키고, 0으로부터 2만큼 오른쪽으로 떨어진 점에는 +2를, 0으로부터 3만큼 왼쪽으로 떨어진 점에는 −3을 대응시킨다. 우리가 수직선 위를 걷는 코끼리라고 생각해 보자. 내가 놓인 점이 A(−3)이고 친구 코끼리가 놓인 점이 B(2)라면 나에게서 5만큼 떨어진 곳에 친구 코끼리가 있는 것이다.

좌표평면에서 수직선을 찾아보자. x축과 y축은 모두 수직선이다. 수직선 두 개로 좌표평면을 만들 수 있다. 우리는 수직선에서는 해 낼 수 없던 여러 정보를 담을 수 있게 되었다. 우리가 수직선 위를 걷는 코끼리라고 생각해 보자. 우리는 앞뒤로 움직일 수 있을 뿐 좌우로는 움직이지 못했을 것이다. 그러나 우리가 좌표평면 위에 놓인 코끼리라고 생각하면, 우리는 앞뒤 좌우 자유로이 움직일 수 있게 된다. 즉, 우리는 앞뒤라는 정보 외에도 좌우라는 정보를 담을 수 있게 된 것이다.

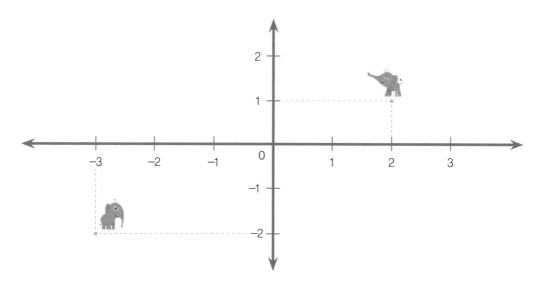

이처럼 차원을 높이면 높일수록 더 많은 정보를 담을 수 있게 된다. 1차원 바코드에서 차원을 높여본 것이 2차원 바코드, 바로 QR 코드이다. 이미 여러 곳에서 이용되고 있는 QR 코드는 어떤 원리로 구성되어 있을까?

4 QR 코드의 원리

사각형에 정보를 표현해 보자. 구획이 없는 경우에는 2가지의 정보를 표현할 수 있다. 짜장면과 짬뽕 중에 골라야 하는 상황이라고 해 보자. 짜장면은 색이 없는 정사각형(☐)으로, 짬뽕은 색을 칠한 정사각형(■)으로 나누어 표현할 수 있다.

두 개 영역으로 나눈 경우에는 다음과 같이 4가지의 정보를 표현할 수 있다. 네 가지로 나누어 생각할 정보는 무엇이 있을까? 왼쪽 영역에는 위 1)에서 생각한 대로 짜장면과 짬뽕을 나누어 생각하고, 오른쪽 영역은 간장 치킨과 양념 치킨 선호도를 나타내 보자.

☐☐	■☐	☐■	■■
짜장면, 간장 치킨	짬뽕, 간장 치킨	짜장면, 양념 치킨	(Quiz! 무엇일까요?)

세 개 영역으로 나눈 경우에는 몇 가지 정보를 표현할 수 있을까?

칸을 비워 두고, 칠하는 이런 방식은 짜장면과 짬뽕, 양념 치킨과 간장 치킨 등의 단편적 정보 외에도 큰 숫자를 표현하는 데 유용하게 쓰인다. 2의 거듭제곱을 이용하면 숫자들을 다음과 같이 나타낼 수 있다. ☐☐☐은 0, ☐☐■은 1, ☐■☐은 2, ☐■■은 3이다.

☐■■은 왜 3일까? 2진법을 이용하면 오른쪽에서부터 첫 번째 칸은 0과 1을 나타낼 수 있고(☐☐☐은 0, ☐☐■은 1), 오른쪽에서부터 두 번째 칸은 0과 2를 나타낼 수 있다(☐☐☐은 0, ☐■☐은 2). 3=2+1이므로 오른쪽에서부터 첫 번째 칸과 두 번째 칸을 모두 칠하면 된다.

탐구 4 »»

1. 은 얼마일까? 2의 거듭제곱을 생각해 보자.

2. 위의 방법을 이용하여 0부터 7까지의 숫자를 표현해 보자.

나의 생각은?

이렇게 2를 이용하여 수를 표현하는 방법을 이진법라고 하고, 현재 우리는 주로 십진법을 이용하여 수를 표현하고 있다.

	이진법 표기	십진법 표기
	$1_{(2)}$	1
	$10_{(2)}$	2
	$11_{(2)}$	3

사각형의 개수가 n개이면 우리는 2^n개의 정보를 표현할 수 있다. QR 코드는 정사각형을 여러 개의 사각형으로 나누어 많은 정보를 표현할 수 있게 해 두었다.

가로와 세로를 5칸씩만 나누어도 2^{25}개라는 어마어마한 정보를 담을 수 있는 것이다. QR 코드에서 점처럼 보이는 것이 색을 칠한 사각형과 같다. QR 코드 리더기(핸드폰 카메라를 이용한 어플로도 가능하다.)는 각 자리를 인식하여 그 자리에 색이 칠해져 있는지, 칠해져 있지 않은지를 보고 정보로 변환한다.

2^{25}개면 몇 개지?
어마어마할 거야!

5 코딩을 활용하여 이진수 패턴 판독하기

스캐너로 바코드를 읽으면 검은색 막대와 흰색 공백이 반사하는 빛의 차이를 이용해 아날로그 신호인 전기 신호로 바꾸고 다시 이를 디지털인 0과 1, 즉 이진수로 나타낸다. 0과 1의 조합을 통해 0부터 9까지의 십진수로 나타낼 수 있다.

코딩!

5자리의 이진수 패턴을 표현한 후 이를 판독하여 결과를 10진수로 변환해 보자.

1 문제 분석

1. 2가지 모양을 갖는 5개의 패턴을 이용하여 이진수 패턴을 표시한다.
2. 패턴을 판독할 수 있는 센서를 이용하여 5개의 패턴을 판독한다.
3. 판독한 결과를 10진수로 변환하여 표시한다.

2 화면 구성 및 오브젝트

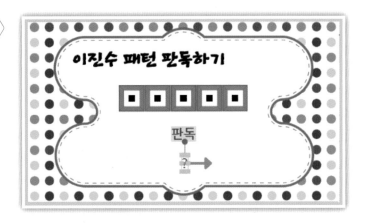

오브젝트명	설명
제목	'이진수 패턴 판독하기' 제목을 표시하는 글상자이다.
판독	'판독'이라는 글을 표시하는 글상자이다.
판독결과값	'?'라는 글을 표시하며 최종 판독 결과를 표시하는 글상자이다.
패턴1~5	2가지 모양을 갖는 2진수 패턴으로 5개가 있다. ☐은 0을, ■은 1을 의미한다.
센서1~5	패턴의 모양을 판독하는 센서로 5개가 있다.

③ 변수, 신호 설계

변수	설명	변수 보이기
센서1값~센서5값	센서가 판독한 이진수 패턴의 값 5개를 저장한다.	감추기
카운터	5개의 센서가 판독 시작하여 판독을 마친 경우 카운터 값을 1 증가시킨다.	감추기
판독값	센서가 판독한 결과를 10진수로 변환한다.	감추기

신호	설명
판독하기	'판독' 글상자를 클릭하면 신호를 보낸다.
판독완료	판독을 완료하면 신호를 보낸다.

④ 알고리즘 설계

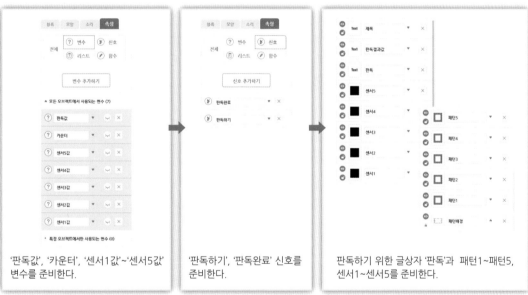

'판독값', '카운터', '센서1값'~'센서5값' 변수를 준비한다.

'판독하기', '판독완료' 신호를 준비한다.

판독하기 위한 글상자 '판독'과 패턴1~패턴5, 센서1~센서5를 준비한다.

패턴의 테두리를 클릭하여 원하는 이진수 패턴을 표시한다. □은 0을, ■은 1을 의미한다.

'판독' 글상자를 클릭하면 센서 5개가 패턴 5개의 모양을 판독한다.

판독이 끝나면 패턴의 모양을 계산하여 10진수로 표시한다.

⑤ 블록 프로그래밍을 이용한 해결

1 엔트리봇 오른쪽에 위치한 ⊠ 버튼을 클릭하여 기본 오브젝트인 '엔트리봇'을 삭제한다.

2 '패턴배경' 오브젝트를 추가한다. [오브젝트 추가] 창에서 '패턴배경'을 검색한 후 '패턴배경'을 선택하고 '적용하기' 버튼을 클릭하여 오브젝트를 추가한다.

3 '제목' 글상자를 추가한다. 오브젝트 추가하기 버튼을 클릭하면 나타나는 [오브젝트 추가하기] 창에서 글상자 탭을 선택하여 글꼴을 고딕체로 선택한 후 '이진수 패턴 판독하기'를 입력하고 '적용하기' 버튼을 클릭하여 오브젝트를 추가한 후 크기를 적당히 조절한다.

4 '판독', '판독결과값' 글상자를 추가한다.

5 '패턴1' 오브젝트를 새로 그려서 추가한다.

- [오브젝트 추가하기] 창에서 '새로 그리기' 탭 –
  '이동하기'를 선택한다.

- 그리기 도구상자에서 사각형(■)을 선택하고 윤
  곽선 색상을 빨강색, 굵기는 20으로 선택한 후,
  채우기 색상은 선택 창에서 '채우기 없음(⟍)'을
  체크하여 투명하게 선택하고 그림판에 사각형을
  그린다.

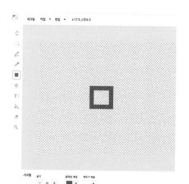

- 메뉴에서 [파일]–[저장하기]를 선택해서 저장하
  고 오브젝트의 이름을 '패턴1'로 변경한다.

- 메뉴에서 [파일]–[새모양으로저장]을 선택해서
  새 모양으로 저장하고, 그리기 도구상자에서' 채
  우기(⟍)'를 선택하여 사각형 안쪽의 색을 빨간색
  으로 채운다.

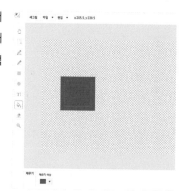

6 '패턴1' 오브젝트를 4개 복제하여 '패턴2'~'패턴5'를 만든 후 아래와 같이 배치한다.

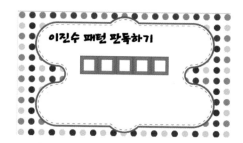

오브젝트 이름	x위치	y위치	크기
패턴1	-80	20	40
패턴2	-40	20	40
패턴3	0	20	40
패턴4	40	20	40
패턴5	80	20	40

7 '센서1' 오브젝트를 새로 그려서 추가한다.

- [오브젝트 추가하기] 창에서 '새로 그리기' 탭 – '이동하기'를 선택한다.

- 그리기 도구상자에서 사각형(▣)을 선택하고 윤곽선 색상과 채우기 색상을 검정색으로 하여 그림판에 사각형을 그린다.

- 메뉴에서 [파일]–[저장하기]를 선택해서 저장하고 오브젝트의 이름을 '센서1'로 변경한다.

8 '센서1' 오브젝트를 복사하여 '센서2'~'센서5'를 만든 후 아래와 같이 배치한다.

오브젝트 이름	x위치	y위치	크기
센서1	−80	20	10
센서2	−40	20	10
센서3	0	20	10
센서4	40	20	10
센서5	80	20	10

⑨ '패턴1'~'패턴5' 오브젝트가 동작할 블록 코딩을 작성한다.
- 오브젝트를 클릭하면 다음 모양으로 바꾼다.

⑩ '센서1'~'센서5' 오브젝트가 동작할 블록 코딩을 작성한다.
- 시작하기 버튼을 클릭하면 모양을 숨긴다.

- 판독하기 신호를 받으면 패턴 오브섹트와 닿았는지를 판독하여 결과 값을 '센서1값'~'센서5값'에 저장한다.

⑪ '판독' 오브젝트가 동작할 블록 코딩을 작성한다.
- 판독하기 신호를 보내고 카운터 값이 5가 될 때까지 기다린다. 카운터 값이 5가 되면 5개의 센서값을 이용하여 판독값을 구하고 판독완료 신호를 보낸다.

⑫ '판독결과값' 오브젝트가 동작할 블록 코딩을 작성한다.
- 판독완료 신호를 받으면 판독값을 표시한다.

1 완성된 코드

오브젝트	블록 코드
Text 판독	
Text 판독 결과	
Text 패턴1~패턴5	
■ 센서1~센서5	

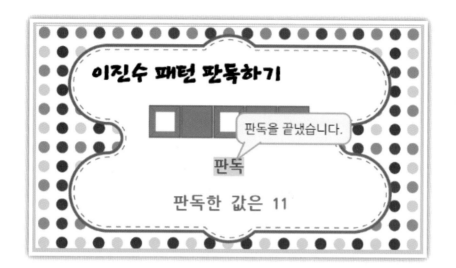

04

토끼는 얼마나
빨리 번식할까?

토끼는 태어난 지 3~4개월이 지나면 번식을 할 수 있다. 그러나 보통은 수컷은 6~10개월 후, 암컷은 4~9개월 후부터 번식을 하여야 건강한 새끼를 출산할 수 있게 된다. 야생에서 자라는 토끼는 보통 봄에 번식을 하지만, 집에서 사육되는 토끼는 일년 내내 번식이 가능하다. 임신 기간은 평균 31일 정도이고, 한 번에 4~10마리 정도의 30~80g의 털이 없는 새끼를 낳는다. 새끼가 태어나면 어미 토끼는 하루에 1~2회 수유를 하고, 새끼 토끼는 생후 10일 정도가 지나야 눈을 뜨면서 조금씩 움직이기 시작한다. 생후 5주를 지나야 점차적으로 젖을 뗄 수 있으며, 8주가 지나야 어미로부터 독립이 가능하다.

토끼는 왕성한 번식력 때문에 암수를 따로 분리하여 기르지 않으면 계속해서 새끼를 낳게 된다. 특히 출산 후 바로 임신이 가능하기 때문에 나중에는 이전에 낳았던 새끼를 돌보지 않아서 죽게 될 수도 있으므로 주의해야 한다.

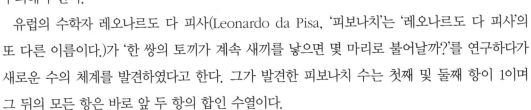

유럽의 수학자 레오나르도 다 피사(Leonardo da Pisa, '피보나치'는 '레오나르도 다 피사'의 또 다른 이름이다.)가 '한 쌍의 토끼가 계속 새끼를 낳으면 몇 마리로 불어날까?'를 연구하다가 새로운 수의 체계를 발견하였다고 한다. 그가 발견한 피보나치 수는 첫째 및 둘째 항이 1이며 그 뒤의 모든 항은 바로 앞 두 항의 합인 수열이다.

수열이란 수를 일정한 규칙에 의해 나열한 것을 말한다. 일정한 규칙이 없다고 수열이 아닌 것은 아니지만 보통은 일정한 규칙이 있는 경우만 이야기하는 것이 보통이다.

예를 들어 다음과 같은 수열이 있다고 가정해 보자.

$$2, 4, 6, 8, 10$$

이 수열에서 2, 4, 6, 8, 10 각각의 수를 우리는 '항'이라고 한다. 그리고 지금 수열의 경우 5개의 수로 이루어진 수열이므로 항의 개수는 5개이다. 이때 5를 '항수'라고 한다.

또한 2는 제일 처음에 있는 항이므로 첫째 항이라고 하며, 4는 둘째 항, 6은 셋째 항, 8은 넷째 항, 10은 다섯째 항이라고 한다.

위의 수열의 경우 각 항에서 일정한 수를 더해서 그 다음 항이 되므로 '등차수열'이라고 하며 더해지는 일정한 수를 각 항의 '공통된 차'라고 해서 '공차'라고 한다. 지금은 각 항에 2를 더해서 다음 항이 되므로 공차는 2가 된다.

다음의 수열은 위에서 이야기한 수열과는 조금 다른 수열이다.

$$2, 4, 8, 16, 32$$

각 항에서 일정한 수를 더한 것이 아니라 일정한 수를 곱하여 다음 항이 되는 수열이다. 이러한 수열은 우리는 '등비수열'이라고 하며, 이때 일정하게 곱하여지는 수를 '공비'라고 한다. 위 수열의 경우 공비는 2가 된다.

1. 다음 수열을 보고 아래 괄호 안에 알맞은 말을 쓰시오.

> $$2, 5, 8, 11, 14, 17, 20, 23$$

> 위 수열의 첫째항은 (　　)이며, 항수는 (　　) 이다.
> 위 수열은 첫 번째 항부터 일정한 수 (　　)을(를) (　　)해서
> 그 다음 항이 되었으므로 (　　)수열이다.

2. 다음 수열을 보고 아래 괄호안에 알맞은 말을 쓰시오.

> $$3, \frac{3}{2}, \frac{3}{4}, \frac{3}{8}, \frac{3}{16}, \frac{3}{32}$$

> 위 수열의 첫째항은 (　　)이며, 항수는 (　　) 이다.
> 위 수열은 첫 번째 항부터 일정한 수 (　　)을(를) (　　)해서
> 그 다음 항이 되었으므로 (　　)수열이다.

3. 아래와 같은 규칙으로 수를 나열할 때 100번째 항은 얼마인지 구해 보자.

> $$2, 5, 8, 11, 14, \cdots$$

❶ 등차수열의 일반항

위의 탐구 1-3에서 볼 수 있듯이 등차수열에서 100번째 항을 구하는 방법은 2가지 방법이 있다. 첫 번째 방법은 직접 100번째 항까지 적어 보는 방법이다. 그러나 많은 시간이 걸리고 힘든 방법이라서 보통은 사용하지 않는다. 두 번째 방법은 등차수열의 규칙을 알아보고 그 규칙에 의해서 알아보는 방법이다.

등차수열은 첫 번째 항에 일정한 수(공차=d)를 지속적으로 더해서 구해지는 수열이다. 일반적으로 첫 번째 항은 a_1, 두 번째 항은 a_2, 그리고 n번째 항을 우리는 일반항이라고 하며 a_n이라고 표현한다. n번째 항인 a_n은 첫 번째 항 a_1에 공차를 $(n-1)$번 더해 주면 되므로 $a_n = a_1 + (n-1)d$로 표현할 수 있다.

이를 식으로 표현하면

$$a_1 = a$$
$$a_2 = a_1 + d = a + d$$
$$a_3 = a_2 + d = (a+d) + d = a + 2d$$
$$a_4 = a_3 + d = (a+2d) + d = a + 3d$$
$$\vdots$$
$$a_n = a_{n-1} + d = (a+(n-2)d) + d = a + (n-1)d$$

위의 탐구 〈1-3〉도 이 공식으로 접근하면 $a_{100} = 2 + (100-1) \times 3 = 299$로 간단하게 계산할 수 있다.

❷ 등비수열의 일반항

등비수열의 경우 첫 번째 항에 일정한 수(공비=r)를 곱하여 다음 항을 얻을 수 있다. 그 규칙을 찾아보면

$$a_1 = a_1 = a$$
$$a_2 = a_1 \times r = ar$$
$$a_3 = a_2 \times r = ar \times r = ar^2$$
$$a_4 = a_3 \times r = ar^2 \times r = ar^3$$
$$\vdots$$
$$a_n = a_{n-1} \times r = ar^{n-2} \times r = ar^{n-1}$$

등차수열과 등비수열의 일반항을 통해 우리는 아무리 큰 항이라도 쉽게 구할 수 있게 되었다. 하지만 등차수열과 등비수열의 개념은 고등학교에서 배우는 과정이므로 이해가 잘 안되는 경우 그냥 이런 내용이 있다는 정도로 알고만 있어도 좋다. 특히 등비수열의 경우 항의 수가 커질수록 계산이 복잡해서 그 값을 계산하기는 힘들다. 이때 이러한 계산은 뒤에서 배우는 코딩을 이용하여 간단하게 구할 수 있다.

2 피보나치수열

이탈리아 수학자 레오나르도 다 피사(Leonardo da Pisa)가 1202년 발간한 《산반서 Liber Abaci》에서 토끼의 번식 문제를 통해 자신의 이름을 붙여 피보나치수열을 만들었다.

피보나치(Fibonacci)는 상인 출신의 아버지가 북부 아프리카의 버기아 항구(현재 알제리의 베자이아)의 무역 통상 대표 및 세관원으로 임명받아 가면서 그곳에서 이슬람 수학을 배우게 되었다.

여행하는 곳마다 아랍의 상인들이 아라비아숫자를 사용해 10진법으로 계산하는 방식이 유럽인들이 사용하는 로마 숫자 방식보다 우월하다는 것을 알게 되었고, 피사로 돌아온 피보나치는 그동안 배웠던 것을 기록하여 《산반서 Liber Abaci》라는 책으로 만들었다. 《산반서》에는 상인과 회계사들을 위해서 다양한 예시 문제와 어려운 문제를 담고 있는데, 토끼에 관한 문제는 《산반서》의 제3부에 실려 있다.

　어떤 사람이 한 쌍의 새끼 토끼를 키우게 되었다. 다 자란 토끼는 매달 한 쌍의 새끼를 낳고, 태어난 토끼의 쌍은 두 번째 달부터 매달 토끼를 한 쌍씩 낳는다고 가정한다면 1년 후에는 토끼가 몇 쌍이 될 것인가? (예를 들어 1월에 태어난 새끼는 3월에 1쌍의 새끼를 낳을 수 있으며, 매달 새끼를 낳는다.)

❶ 피보나치수열의 특징

위의 〈탐구 2〉에서 볼 수 있는 수열을 피보나치수열이라고 한다. 피보나치수열이란 다음 그림과 같이 앞의 두 항의 합이 다음 항이 되는 규칙으로 나열되는 수열을 말한다.

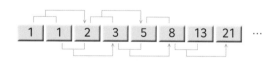

피보나치수열에서 이웃하는 항 사이의 관계식을 구하면

$$a_{n-1} + a_n = a_{n+1} \ (n \geq 2)$$

이 된다. 피보나치수열은 0과 1 이외에 다른 어떤 수의 도움 없이 수열을 만들 수 있는 특징이 있다.

❷ 자연 현상 가운데 볼 수 있는 피보나치수열

1) 나뭇가지

나무는 자라면서 뻗어나가는 가지의 숫자는 피보나치수열에 따라 늘어난다. 만약 그렇지 않고 계속해서 나뭇가지가 뻗어간다면 나뭇가지끼리 서로 부딪혀 제대로 자라지 못하게 되며, 나뭇잎은 서로에 가려져서 광합성을 제대로 하지 못하게 된다. 그래서 나무는 이렇게 피보나치수열을 이루면서 자라게 된다.

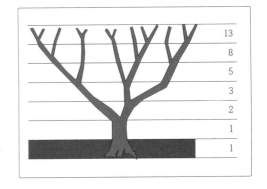

2) 솔방울

솔방울을 자세히 살펴보면 시계 방향 또는 시계 반대 방향으로 나선이 나 있다. 이 나선의 숫자를 세어 보면 시계 방향은 13개의 나선이 보이고, 시계 반대 방향으로는 8개의 나선을 볼 수 있다. 8과 13은 피보나치수열의 이웃하는 두 수이다. 이는 솔방울이 좁은 공간에 가장 많은 씨를 배열하여 비바람을 잘 견디기 위함이다.

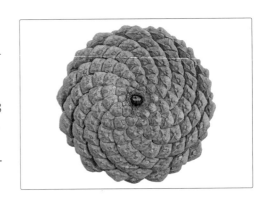

3) 해바라기

해바라기 씨앗들을 자세히 살펴보면 배열이 시계 방향과 시계 반대 방향으로 되어 있고, 그 각각의 수는 21, 34이다. 또한 종류에 따라서 큰 해바라기의 경우 55, 89 또는 89, 144의 배열도 있으나 그 수와 관계없이 모두 피보나치수열을 이루고 있다. 해바라기 씨앗들이 이처럼 피보나치수열로 나선형 배열을 이루는 이유는 좁은 공간에 많은 씨를 촘촘하게 배열하여 비바람에도 잘 견디기 위함이다.

4) 꽃잎의 수

꽃에는 암술과 수술이 있는데 이를 보호하기 위해 꽃잎이 있다. 그런데 이러한 꽃잎의 수를 자세히 살펴보면 피보나치수열을 이루는 경우가 많이 있다. 꽃이 피기 전 꽃의 내부를 외부와 차단시켜 보호하기 위해 꽃잎으로 덮고 있는데, 빈틈없이 덮는 방법이 피보나치수열의 배열이기 때문이다.

나팔꽃(1장)　　　　　　　호박꽃(1장)　　　　　　　등대풀(2장)

연령초(3장)　　　　　　　딸기꽃(5장)　　　　　　　무궁화(5장)

코스모스(8장)　　　　　시네라리아(13장)　　　　　구절초(21장)

데이지(34장)　　　　　　해국(34장)　　　　　　　데이지(89장)

5) 파인애플 껍질의 배열

파인애플의 껍질을 자세히 살펴보면 표면이 육각형으로 덮여 있다. 육각형 모양의 껍질로 덮여 있다는 것을 본 적은 있지만 이 육각형의 껍질의 규칙을 아는 사람은 거의 없다. 파인애플의 표면에 있는 육각형의 껍질은 3종류의 서로 다른 나선으로 구성되어 있다. 완만한 나선과 가파른 나선, 그리고 거의 수직에 가까운 나선을 찾아볼 수 있는데 이 나선의 수는 8개, 13개, 21개로 피보나치수열을 이루고 있다.

6) 식물의 잎차례

식물의 잎이 줄기에서 나오는 방식이 '돌려나기', '어긋나기', '마주나기'가 있다. 그런데 나무를 자세히 살펴보면 식물의 줄기에서 2번 회전하면서 5개의 잎이 나오거나 3번 회전하면서 8개의 잎이 나온다. 참나무나 벚꽃나무의 경우 2번 회전하면서 5개의 잎

이 나오는 경우이며, 장미나 버드나무의 경우 3번 회전하면서 8개의 잎이 나온다. 그리고 갯버들의 경우 5번 회전하면서 13개의 잎이 나오는데 이 수들은 모두 피보나치수열이다. 전체 식물들의 90% 정도는 모두 이러한 규칙을 따르는데 그 이유는 광합성을 원활하게 하기 위함이다. 잎 바로 위에 또 다른 잎이 있다면 아래에 있는 잎은 광합성을 할 수 없으므로 이러한 규칙에 따라 잎이 나오게 된다. 자연에서는 이렇게 적응하고 살아남기 위해 피보나치수열을 따르는 것이다.

7) 피아노 건반

피아노 건반의 한 옥타브 사이에는 검은 건반이 2개와 3개 그리고 모두 5개가 있으며 흰 건반은 8개가 있다. 또한 흰 건반과 검은 건반의 수를 모두 더하면 13개인데 이는 모두 피보나치수열을 이루고 있다.

503

8) 앵무조개껍질의 무늬

한 변의 길이가 21, 13, 8, 5, 3, 2, 1이 되는 정사각형을 그림과 같이 그려서 모은 다음 각각의 정사각형에서 사분원을 그리면 황금 나선이 생긴다. 이러한 황금 나선의 모양과 앵무조개껍질의 무늬는 거의 흡사하다.

 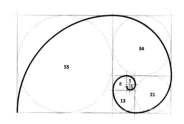

 1. 자연에서 발견할 수 있는 피보나치수열은 또 어떤 것들이 있는지 알아보자.

나의 생각은?

2. 피보나치수열을 크기 순서대로 나열해 볼 때 15번째 수는 얼마인가?

나의 생각은?

❸ 피보나치수열과 황금비?

인간이 가장 아름답다고 느끼는 비율은 두 길이의 비가 1:1.618일 때이며, 이 비율을 우리는 황금비라고 한다. 예를 들어 우리가 알고 있는 이집트 피라미드에서 밑면의 중심에서 옆면에 이르는 거리와 옆면 삼각형의 높이의 비, 밀로의 비너스상에서 배꼽을 기준으로 상반신과 하반신의 길이, 레오나르도 다빈치의 작품 모나리자의 얼굴의 가로와 세로의 길이, 신용 카드나 종이의 가로세로의 비율이 모두 황금비를 이루고 있다. 특히 우리나라 건축 양식에서도 황금비를 찾아볼 수 있는데, 경북 영주에 있는 부석사 무량수전의 가로와 세로의 비율 또한 황금비를 이루고 있다.

밀러의 비너스상

부석사 무량수전

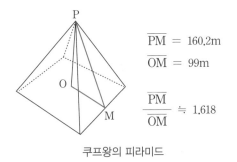

$$\overline{PM} = 160.2m$$

$$\overline{OM} = 99m$$

$$\frac{\overline{PM}}{\overline{OM}} \fallingdotseq 1.618$$

쿠프왕의 피라미드

그럼 황금비가 어떤 것인지 알아보자. 어떤 선분을 두 부분으로 나눌 때, 아래 그림과 같이 긴 부분과 짧은 부분으로 나누어진다면

(짧은 부분의 길이) : (긴 부분의 길이) = (긴 부분의 길이) : (전체의 길이)

가 되는 경우가 가장 이상적으로 생각하였으며, 나뉜 두 부분의 비를 황금비라고 불렀다.

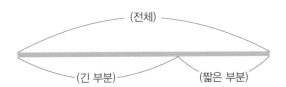

(전체)

(긴 부분)　　(짧은 부분)

위의 그림에서 전체의 길이를 x라고 두고, 선분을 2개로 나누어 큰 선분의 길이를 1이라고 하자. 그럼 작은 선분의 길이는 $(x-1)$이 된다.

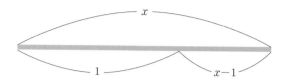

그럼 비례식 $x : 1 = 1 : (x-1)$이 되며

$$x(x-1)=1$$
$$x^2-x-1=0$$
$$x=\frac{1+\sqrt{5}}{2}$$

이때 x의 어림값을 구해 보면 대략 1.618이 된다. 따라서 황금비는 약 1:1.618이다.

피보나치수열에서 각각 인접한 두 수의 비율(뒷수와 앞수의 비율)을 구해 보면 다음과 같다. 처음에는 황금비와 전혀 상관없어 보였으나 5와 8부터는 1.6의 값을 가지면서 황금비와 비슷해져서 55와 89부터는 황금비를 이루고 있다.

$\frac{뒷수}{앞수}$	$\frac{1}{1}$	$\frac{2}{1}$	$\frac{3}{2}$	$\frac{5}{3}$	$\frac{8}{5}$	$\frac{13}{8}$	$\frac{21}{13}$	$\frac{34}{21}$	$\frac{55}{34}$	$\frac{89}{55}$	⋯
값	1.00000	2.00000	1.50000	1.66667	1.60000	1.62500	1.61538	1.61905	1.61765	1.61818	⋯

 탐구 4 ⋙ **자신과 친구들의 신체 길이를 재어 보고 어느 부분이 황금비가 되는지 알아보자.**

나의 생각은?

3 코딩을 활용하여 피보나치수열의 n항 구하기

이제까지 수열에서 항을 찾아보는 방법으로 규칙에 의해 직접 숫자를 적어 보고 구하는 방법과 공식에 의해 구하는 방법에 대해 알아보았다. 하지만 등비수열의 경우 혹은 등차수열이라 하더라도 공차가 간단한 수가 아니라면 그 계산은 쉽지 않다. 또한 1000번째 항 또는 그보다 더 큰 항의 경우 계산하는 방법은 매우 복잡하다.

이렇게 복잡한 경우 코딩을 이용하면 쉽게 구할 수 있다. 코딩을 통해 수열의 항을 구하는 방법에 대해 알아보자.

코딩!!

피보나치수열의 항을 입력받아 피보나치수열의 n번째 항을 구해 보자.

1 문제 분석

1. 글상자를 이용하여 입력되는 값과 처리 값을 표현한다.
2. 피보나치수열의 일반항은 $f(1)=1$, $f(2)=1$, $f(3)=3$이고, $f(n)=f(n-1)+f(n-2)$이다.
3. 반복문을 이용하여 피보나치수열의 n번째 항을 구한다.

2 화면 구성 및 오브젝트

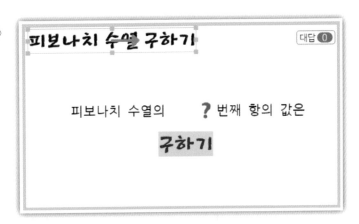

오브젝트명	설명
제목	'피보나치수열 구하기' 제목을 표시하는 글상자이다.
내용	'피보나치 수열의 번째 항의 값은'이라는 글을 표시하는 글상자이다.
n항	'?'라는 글을 표시하는 글상자로, 클릭하면 구하고자 하는 피보나치수열의 항을 입력받고 표시한다.
구하기	'구하기'라는 글을 표시하는 글상자로, 입력받은 피보나치수열의 항을 구한다.

❸ 변수, 신호 설계

변수	설명	변수 보이기
n	구하려고 하는 피보나치의 수열의 항의 수이다.	감추기
$f(n)$	구하려고 하는 피보나치의 수열의 항의 값이다.	감추기
$f(n-1)$	$f(n)$을 구하기 위한 이전 항의 값이다.	감추기
$f(n-2)$	$f(n)$을 구하기 위한 전전 항의 값이다.	감추기

❹ 알고리즘 설계

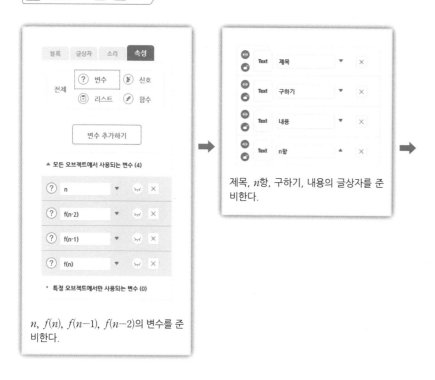

n, $f(n)$, $f(n-1)$, $f(n-2)$의 변수를 준비한다.

제목, n항, 구하기, 내용의 글상자를 준비한다.

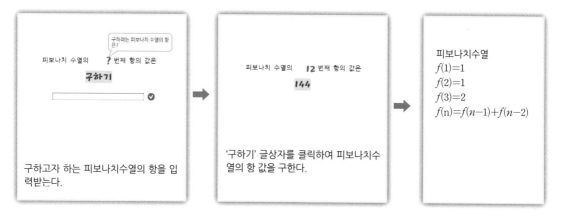

구하고자 하는 피보나치수열의 항을 입력받는다.

'구하기' 글상자를 클릭하여 피보나치수열의 항 값을 구한다.

피보나치수열
$f(1)=1$
$f(2)=1$
$f(3)=2$
$f(n)=f(n-1)+f(n-2)$

⑤ 블록 프로그래밍을 이용한 해결

1 엔트리봇 오른쪽에 위치한 ⊠ 버튼을 클릭하여 기본 오브젝트인 '엔트리봇'을 삭제한다.

2 '제목' 글상자를 추가한다. 오브젝트 추가하기 버튼을 클릭하면 나타나는 [오브젝트 추가하기] 창에서 글상자 탭을 선택하여 글꼴을 고딕체로 선택한 후 '피보나치수열 구하기'를 입력하고 '적용하기' 버튼을 클릭하여 오브젝트를 추가한 후 크기를 적당히 조절한다.

3 같은 방법으로 다음 글상자를 추가한 후 배치한다.

오브젝트 이름	글상자 내용	설명
n항	?	항을 입력받는다.
내용	번째 항의 피보나치수열의 값은	글상자 내용을 전달한다.
구하기	구하기	피보나치 항을 구한다.

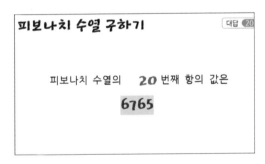

4 'n항' 오브젝트 글상자가 동작할 블록 코딩을 작성한다.
- 글상자 오브젝트를 클릭하면 구하려는 피보나치수열의 항의 수를 입력받아 변수 n에 저장하고 글상자의 내용을 입력받은 값으로 바꾼다.

5 **'구하기'** 오브젝트 글상자가 동작할 블록 코딩을 작성한다.

- 글상자 오브젝트를 클릭하면 피보나치수열의 첫 번째 항과 두 번째 항에 1을 대입한다.

- n개의 항 중 $f(1)$과 $f(2)$의 두 개 항을 구했으므로 $n-2$번 반복하여 다음 항을 구한다.

- $f(n)$을 구하면 '구하기' 글상자의 내용을 피보나치수열 값 $f(n)$으로 바꾼다.

1 완성된 코드

오브젝트	블록 코드
Text n항	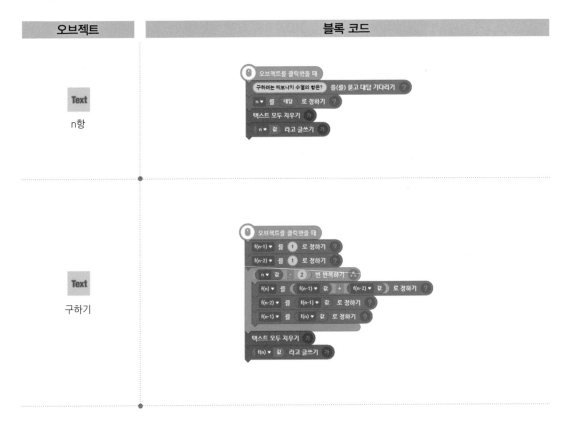
Text 구하기	

2 실행 결과

피보나치 수열 구하기   대답 40

피보나치 수열의   **40** 번째 항의 값은
102334155

 도전 과제!

100번째 항의 피보나치수열 값을 구해 보자.

05

복리법이
뭘까?

1 단리법? 복리법?

이자를 계산하는 방법으로 단리법과 복리법이 있다. 단리법이란 처음 예금한 원금에 대하여 처음 정한 이자율을 기간에 곱하여 이자를 계산하는 방법이다. 단리법은 처음 예금한 원금에 대해서만 이자를 계산하기 때문에 예금하는 기간이 길어져도 중간에 받은 이자에 대해서는 이자를 계산해서 주지 않는다.

복리법이란 일정 기간 동안에 발생한 이자와 처음 원금을 더한 금액(원리 합계)이 다음 기간의 원금이 되어 이자를 계산하는 방법이다. 그래서 기간이 짧은 경우에는 단리법이나 복리법의 차이가 얼마 되지 않지만, 예금하는 기간이 긴 경우 차이는 많이 나게 된다.

예를 들어서 1000원을 예금을 하였고, 매년 10%의 이자를 준다고 생각해 보자. 단리법과 복리법으로 원리 합계(원금과 이자를 합한 최종 금액)를 계산하면 다음과 같다.

1) 단리법

원금 1000원에 대한 10%에 해당하는 이자는 100원이 된다. 그래서 매년 100원씩의 이자를 받을 수 있게 된다. 기간에 따라 표로 만들어 보면 다음과 같다.

기 간	처음	1년 후	2년 후	3년 후	4년 후	5년 후
원리 합계	1000	1100	1200	1300	1400	1500

이를 식으로 표현하면 다음과 같다.

원금이 A, 이율이 r, 기간이 n일 때, 단리법으로 계산한 이자는 $A \times r \times n$이 된다.
그러므로 n년 후 원리 합계 S는

$$S = (원금) + (이자) = A + A \times r \times n = A(1 + rn)이다.$$

*단리법에 의해 계산되는 원리 합계는 기간에 대한 일차함수로 나타낼 수 있다. 그리고 보통 은행의 1~3년 만기의 정기예금 혹은 정기적금의 이자 계산에 단리법이 사용된다.

 10만 원을 은행에 10년 동안 예금을 했을 때 10년 후에 내가 찾을 수 있는 돈은 얼마인지 구하여 보자. (단, 연이율 3% 단리법으로 계산하여라.)

나의 생각은?

2) 복리법

원금 1000원에 대해 1년 후 받을 수 있는 10%에 해당하는 이자는 100원이 되어 1년 후 원리 합계는 1100원이다. 이때 1100원이 원금이 되어 다시 1년 후 받을 수 있는 10%에 해당하는 이자는 110원이 되고, 2년 후 원리 합계는 1210원이 된다.

다시 1210원이 원금이 되어 다시 1년 후 받을 수 있는 10%에 해당하는 이자는 121원이 되어 3년 후 원리 합계는 1210+121=1331원이다. 기간에 따라 표로 만들어 보면 다음과 같다.

기 간	처음	1년 후	2년 후	3년 후	4년 후	5년 후
원금	1000	1000	1100	1210	1331	1464.1
이 자	0	100	110	121	133.1	146.41

이를 식으로 표현하면 다음과 같다.

원금이 A, 이율이 r, 기간이 n일 때, 복리법으로 계산하면

$$1년 후 : A+Ar=A(1+r)$$
$$2년 후 : A(1+r)+A(1+r) \cdot r=A(1+r)(1+r)=A(1+r)^2$$
$$3년 후 : A(1+r)^2+A(1+r)^2 \cdot r=A(1+r)^2(1+r)=A(1+r)^3$$
$$\cdots$$
$$n년 후 : A(1+r)^{n-1}+A(1+r)^{n-1} \cdot r=A(1+r)^{n-1}(1+r)=A(1+r)^n$$

그러므로 n년 후 원리 합계 S는

$$S=A(1+r)^n$$이다.

*복리법에 의해 계산되는 원리 합계는 기간에 대한 지수함수이다. 복리법은 주로 보험회사의 저축 보험의 이자를 계산할 때 쓰인다.

 탐구 2 ≫ 10만 원을 은행에 10년 동안 예금을 했을 때 10년 후에 내가 찾을 수 있는 돈을 복리법으로 계산하면 얼마인지 구하여 보자. (단, 연이율 3%, $1.03^{10} = 1.34$로 계산하여라.)

나의 생각은?

2 적금이 뭘까?

적금은 적립식 예금을 의미하며 매월 일정한 금액을 예금하거나 비정기적으로 넣어 약속한 기간이 지난 후 이자가 포함된 원금을 받는 예금 제도를 말한다. 적금은 매월 일정한 금액을 예금해야 하고 약속한 기간 동안에는 찾을 수 없다. 만약 부득이한 사정으로 예금을 찾으려면 해약을 해야 하는 번거로움이 있으며, 이때에는 처음 약속한 이율의 이자를 받지 못하게 된다. 하지만 일반 예금(보통 예금)에 비해 이율이 높으며 매월 입금을 하기 때문에 적은 돈으로 목돈을 마련할 수 있는 좋은 방법이다.

적금에서 이율을 계산하는 방법은 크게 기수불과 기말불이 있다. 기수불과 기말불은 과연 무엇이고 어떠한 차이가 있는지 알아보자.(매월 적금을 넣는 경우로 생각하고 비교해 보자.)

1) 기수불(期首拂)

매월 일정한 금액을 적립하는데 예금하는 시기는 매월 초이며 정해진 기간이 지난 후 돈을 찾는 시기는 월말이다. 또한 마지막으로 적립한 예금에는 이자가 붙게 된다.

매월 초 a원씩, 월 이율 $r\%$ 복리로 5개월 동안 적립했을 때, 5개월 후의 원리 합계는 얼마인지 알아보자.

	1개월 월초	1개월 월말	2개월 월초	2개월 월말	3개월 월초	3개월 월말	4개월 월초	4개월 월말	5개월 월초	5개월 월말	최종금액
1회 적립	a원	$a(1+r)^1$		$a(1+r)^2$		$a(1+r)^3$		$a(1+r)^4$		$a(1+r)^5$	$a(1+r)^5$
2회 적립			a원	$a(1+r)^1$		$a(1+r)^2$		$a(1+r)^3$		$a(1+r)^4$	$a(1+r)^4$
3회 적립					a원	$a(1+r)^1$		$a(1+r)^2$		$a(1+r)^3$	$a(1+r)^3$
4회 적립							a원	$a(1+r)^1$		$a(1+r)^2$	$a(1+r)^2$
5회 적립									a원	$a(1+r)^1$	$a(1+r)^1$

매월 초 적립하는 금액에 따라 시간이 지날수록 적립되는 금액은 위의 표와 같다. 하나의 통장에 적금을 적립하는 상황이지만 실제 이해를 돕기 위해 매월 초 적립하면서 새로운 통장을 하나씩 만들고 만료가 되면 5개의 통장을 모두 가지고 가서 해약을 하여 그 금액을 합치면 된다. 해약한 5개의 통장의 합계를 구해 보면 다음과 같다.

$$S=a(1+r)+a(1+r)^2+a(1+r)^3+a(1+r)^4+(1+r)^5$$

위 계산의 합계를 쉽게 구하려면 고등학교에서 배우는 등비수열의 합을 구하는 공식을 이용하여야 한다.

첫째항이 a, 공비가 r, 항의 수가 n인 등비수열의 합을 구하는 공식은

$$S = \frac{a(r^n - 1)}{r - 1} \text{이다.}$$

위 등비수열의 합을 구하는 공식을 이용하여 기수불의 원리 합계를 구해 보자.

첫째항이 $a(1+r)$, 공비가 $(1+r)$, $n=5$이므로 위 공식에 대입하면

$$S = \frac{a(1+r)\{(1+r)^5 - 1\}}{(1+r) - 1} = \frac{a(1+r)\{(1+r)^5 - 1\}}{r}$$

*수를 나열한 것을 수열(sequence)이라고 하며, 각각의 수를 항이라고 한다. 이때, 각 항이 그 앞의 항에 일정한 수를 곱한 것으로 이루어진 수열을 등비수열(geometric sequence)이라고 한다. 그리고 곱하여지는 일정한 수를 공비(common ratio)라고 한다.

매월 초 1만 원씩 은행에 10개월 동안 예금을 한다고 한다. 1월 초부터 적립하였을 때, 10월 말에 내가 찾을 수 있는 돈을 복리법으로 계산하면 얼마인지 구하여 보자. (단, 월이율 0.5%, $1.005^{10} ≒ 1.051$으로 계산하시오.)

나의 생각은?

수학 이야기 **복리의 힘**

1626년 미국에 건너온 네덜란드인들이 뉴욕 맨해튼에 살고 있던 인디언들에게 24달러어치의 장신구와 구슬을 주고 헐값에 맨해튼을 사들였다. 이후 시간이 흘러 맨해튼에 많은 사람들이 살게 되었고 맨해튼은 이제 세계 금융의 중심지가 되었다. 이렇게 땅값이 많이 오르게 되자 많은 사람들이 당시의 거래를 두고 '인디언들이 헐값에 맨해튼을 팔아 버렸다'고 비웃었다. 하지만 피터린치라는 유명한 펀드매니저는 조금 다른 관점에서 접근했다. 만약 인디언들이 24달러를 연 8%의 채권에 복리로 투자했다면 363년이 지난 1989년에는 약 32조 달러가 됐을 것이라고 말하며 복리의 무서운 힘을 보여주었다.

실제로 382년이 경과한 2008년 맨해튼의 토지 시세는 600억 달러로 추산이 된다. 24달러를 연 6%의 복리로 투자했다고 계산을 하면 1114억 달러가 된다고 하니 인디언들은 결코 헐값에 맨해튼을 팔아버린 것이 아니다.

2) 기말불(期末拂)

매월 일정한 금액을 적립하는데 예금하는 시기는 매월 말이며 정해진 기간이 지난 후 돈을 찾는 시기는 월말이다. 또한 마지막으로 적립한 예금에는 이자가 붙지 않는 것이 기수불과의 차이이다.

매월 말 a원씩, 월 이율 $r\%$ 복리로 5개월 동안 적립했을 때, 5개월 후의 원리 합계는 얼마인지 알아보자.

	1개월		2개월		3개월		4개월		5개월		최종금액
	월초	월말	월초	월말	월초	월말	월초	월말	월초	월말	
1회 적립		a원		$a(1+r)^1$		$a(1+r)^2$		$a(1+r)^3$		$a(1+r)^4$	$a(1+r)^4$
2회 적립				a원		$a(1+r)^1$		$a(1+r)^2$		$a(1+r)^3$	$a(1+r)^3$
3회 적립						a원		$a(1+r)^1$		$a(1+r)^2$	$a(1+r)^2$
4회 적립								a원		$a(1+r)^1$	$a(1+r)^1$
5회 적립										a원	a

매월 말 적립하는 금액에 따라 시간이 지날수록 적립되는 금액은 위의 표와 같다. 기수불과 마찬가지로 매월 말 적립하면서 새로운 통장을 하나씩 만들고 만료가 되면 5개의 통장을 모두 가지고 가서 해약을 하여 그 금액을 합치면 된다. 단, 마지막 입금하는 돈은 입금하자마자 해약을 하게 되므로 이자가 붙지 않는다. 해약한 5개의 통장에서 찾은 금액을 더해 보면 다음과 같다.

$$S=a+a(1+r)+a(1+r)^2+a(1+r)^3+a(1+r)^4$$

위의 식의 합을 구해 보자.

첫째항이 a, 공비가 $(1+r)$, $n=5$이므로 위 공식에 대입하면

$$S=\frac{a\{(1+r)^5-1\}}{(1+r)-1}=\frac{a\{(1+r)^5-1\}}{r}$$

 탐구 4 >>> 매월 말 1만 원씩 은행에 10개월 동안 예금을 한다고 한다. 1월 말부터 적립하였을 때, 10월 말에 내가 찾을 수 있는 돈을 복리법으로 계산하면 얼마인지 구하여 보자. (단, 월이율 0.5%, $1.005^{10}≒1.051$으로 계산하시오.)

나의 생각은?

이자를 계산하는 기간

연이율이 일정할 때 이자를 계산하는 기간이 짧아지면 얼마나 이익일까?

어떤 은행에서 연이율은 일정하고 다만 이자를 계산하는 기간은 고객이 결정할 수 있다고 하자. 연이율은 10%이고 1년에 한번 이자를 계산하면 원금의 10%의 이자를 받게 된다. 하지만 6개월마다 한번 이자를 계산한다면 5%씩 2번 복리 이자를 받게 되고, 3개월마다 이자를 계산한다면 2.5%씩 4번 복리 이자를 받게 된다. 이렇게 이자를 계산하는 기간이 짧아진다면 1년에 1번 이자를 계산하여 받는 것보다 더 많은 이자를 받을 수 있을까? 그리고 계산하는 기간을 한없이 줄인다면 원리 합계는 무한히 커질까?

예를 들어 100만 원의 돈을 연 10% 복리로 예금한다고 하자.

(1) 1년에 한 번 이자를 계산한다면 1년 후 원리 합계는

$$S = 1000000(1+0.1)^1 = 1000000 \times 1.1 = 1100000(원)이다.$$

(2) 1년에 2번, 즉 6개월마다 5% 복리로 이자를 계산하면 1년 후 원리 합계는

$$S = 1000000(1+0.05)^2 = 1000000 \times 1.1025 = 1102500(원)이다.$$ 1년에 2번 이자를 계산하면 1번 계산할 때보다 2,500원을 더 받을 수 있게 된다.

(3) 1년에 4번, 즉 3개월마다 2.5% 복리로 이자를 계산하면 1년 후 원리 합계는

$$S = 1000000(1+0.025)^4 = 1000000 \times 1.103813 = 1103813(원)이다.$$ 1년에 4번 이자를 계산하면 1번 계산할 때보다 3,813원을 더 받을 수 있게 된다.

이렇게 이자를 계산하는 기간을 줄이면 내가 받을 수 있는 이자는 점점 늘어나게 된다. 하지만 이자는 한없이 늘어나게 될까?

만약 1년에 n번, $\dfrac{10}{n}\% = \left(\dfrac{0.1}{n}\right)$ 복리로 이자를 계산하면 1년 후 원리 합계는

$$S = 1000000\left(1+\frac{0.1}{n}\right)^n (원)이 된다.$$

여기에서 n이 굉장히 커져서 이자를 매순간마다 받게 된다면 원리 합계를 구해 보면 다음과 같다.

$$S = \lim_{n \to \infty} 1000000\left(1+\frac{0.1}{n}\right)^n = 1000000 \times e^{0.1} \fallingdotseq 1105170.9(원)$$

매순간마다 이자를 받게 된다 하더라도 연 이율이 고정되어 있다면 실제 원리 합계는 무한히 커지지 않고 1년에 한 번 받는 경우보다 대략 5170.9원 정도 더 많이 받을 수 있다.

위의 식에서 $\lim_{n \to \infty}\left(1+\dfrac{1}{n}\right)^n = e$가 된다. e를 자연대수 혹은 오일러의 수라고 하며 그 값은 대략적으로 2.718 정도 된다. 이는 고등학교에서 자세하게 배우게 된다.

3 코딩을 활용하여 복리 계산하기

이제까지 이자를 계산하는 방법으로 단리법과 복리법을 알아보았다. 또한 적금을 넣을 때 입금하는 시기에 따라 기수불과 기말불로 나누어지며, 계산 결과가 차이가 남을 알아보았다. 대략적으로 차이는 알게 되었는데 계산하는 방법이 너무나 복잡하고 계산 과정이 복잡하여 쉽게 접근하기가 어렵다. 만약 적립하는 기간이 길면 더욱 힘들어진다. 이럴 때 코딩을 통해서 간단하게 해결할 수 있다.

코딩!

은행에서 예금을 할 때 원금, 기간, 금리를 입력받아 만기 시에 받을 금액을 구해 보자.

① 문제 분석

1. 글상자를 이용하여 입력되는 값과 처리 값을 표현한다.
2. 복리를 계산하는 식을 이용하여 금액을 구한다.

② 화면 구성 및 오브젝트

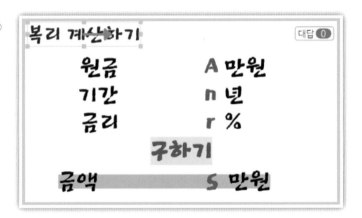

오브젝트명	설명
제목	'복리 계산하기' 제목을 표시하는 글상자이다.
원금	'원금 만원'을 표시하는 글상자이다.
기간	'기간 년'을 표시하는 글상자이다.
금리	'금리 %'를 표시하는 글상자이다.
금액	'금액 만원'을 표시하는 글상자이다.
A	'A'라는 글을 표시하는 글상자로, 클릭하면 원금을 입력받는다.
n	'n'이라는 글을 표시하는 글상자로, 클릭하면 기간을 입력받는다.
r	'r'이라는 글을 표시하는 글상자로, 클릭하면 금리를 입력받는다.
S	'S'이라는 글을 표시하는 글상자로, 금액을 계산하여 표시한다.
구하기	'구하기'라는 글을 표시하는 글상자로, 클릭하면 만기시 받을 금액을 계산한다.

③ 변수, 신호 설계

변수	설명	변수 보이기
원금	원금을 입력받아 저장한다.	감추기
기간	기간을 입력받아 저장한다.	감추기
금리	금리를 입력받아 저장한다.	감추기
중간값	(1 + 금리)기간을 계산하여 저장한다.	감추기
금액	만기 시 찾을 예금 금액을 구한다.	감추기

④ 알고리즘 설계

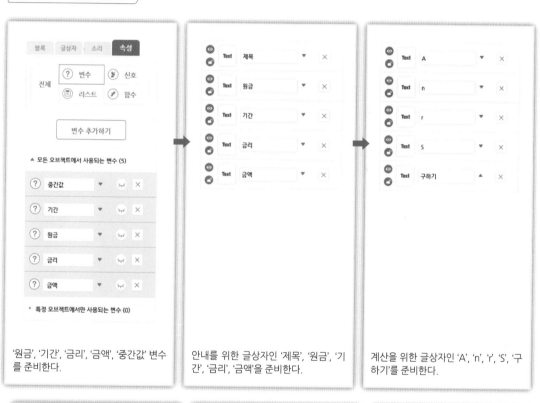

'원금', '기간', '금리', '금액', '중간값' 변수를 준비한다.

안내를 위한 글상자인 '제목', '원금', '기간', '금리', '금액'을 준비한다.

계산을 위한 글상자인 'A', 'n', 'r', 'S', '구하기'를 준비한다.

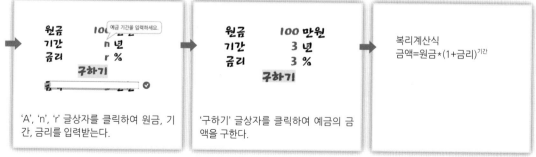

'A', 'n', 'r' 글상자를 클릭하여 원금, 기간, 금리를 입력받는다.

'구하기' 글상자를 클릭하여 예금의 금액을 구한다.

복리계산식
금액=원금*(1+금리)^{기간}

⑤ 블록 프로그래밍을 이용한 해결

① 엔트리봇 오른쪽에 위치한 ⊠ 버튼을 클릭하여 기본 오브젝트인 '엔트리봇'을 삭제한다.

② '제목' 글상자를 추가한다. 오브젝트 추가하기 버튼을 클릭하면 나타나는 [오브젝트 추가하기] 창에서 글상자 탭을 선택하여 글꼴을 고딕체로 선택한 후 '복리 계산하기'를 입력하고 '적용하기' 버튼을 클릭하여 오브젝트를 추가한 후 크기를 적당히 조절한다.

③ 같은 방법으로 그림과 같이 '원금 만원', '기간 년', '금리 %', '금액 만원', 'A', 'n', 'r', 'S', '구하기' 글상자를 추가한 후 배치한다.

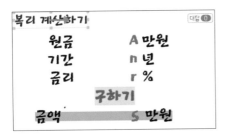

④ 'A', 'n', 'r' 글상자 오브젝트가 동작할 블록 코딩을 작성한다.
- 글상자 오브젝트를 클릭하면 구하려는 값을 입력받아 해당 변수에 저장하고 글상자의 내용을 입력받은 값으로 바꾼다.

5 **'구하기' 오브젝트 글상자가 동작할 블록 코딩을 작성한다.**

- 글상자 오브젝트를 클릭하면 '금리' 변수의 값을 %로 바꿔 주기 위해, '금리' 변수의 값을 100으로 나눈 값을
  다시 '금리' 변수에 저장한다.

- '중간값' 변수에 $(1 + 금리)^{기간}$의 값을 저장하기 위해 '중간값' 변수의 값을 1로 정한다.

- $(1 + 금리)^{기간}$의 값을 구해서 '중간값' 변수에 저장한다.

- 만기 시 받을 금액을 계산한다.

- 계산이 완료되면 '계산 완료' 신호를 보낸다.

6 **'S' 글상자 오브젝트가 동작할 블록 코딩을 작성한다.**

- '계산 완료' 신호를 받으면 글상자의 내용을 '금액' 값으로 바꾼다.

❻ 결과 확인

▪ 완성된 코드

오브젝트	블록 코드
Text A	
Text n	
Text r	
Text S	
Text 구하기	

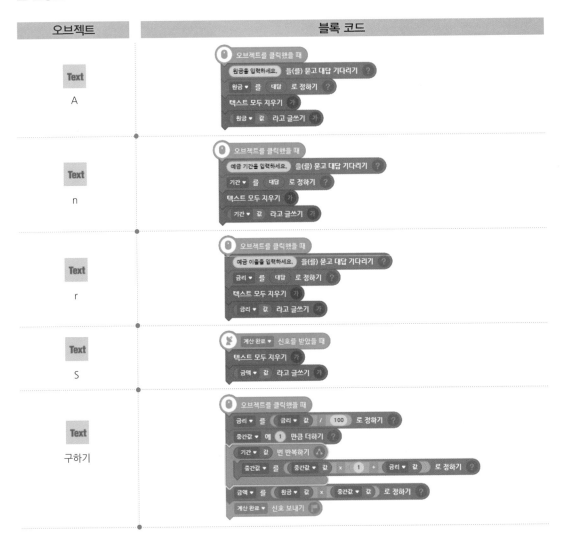

▪ 실행 결과

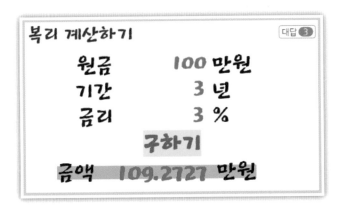

복리 계산하기   대답 3

원금   100 만원
기간   3 년
금리   3 %

구하기

금액   109.2727   만원

복리로 이자를 계산하면 얼마나 효과가 있나?

1626년 인디언들이 미국에 건너온 네덜란드인에게 맨해튼 땅을 겨우 24달러어치의 장신구와 구슬을 받고 헐값에 판매했었다고 하였다. 하지만 24달러를 연 8%의 채권에 복리로 투자하였다면 실제 맨해튼의 토지 시세보다 훨씬 높은 금액이 되었다는 이야기를 했었다. 그럼 복리는 항상 위력이 있을까?

실제 복리의 위력이 발휘가 되려면 몇 가지 조건을 만족해야 한다.

첫째, 이율이 어느 정도 높아야 한다. 인디언들이 맨해튼 땅을 판 1626년부터 2017년을 기준으로 보면 391년이 지났다. 24달러를 정기예금으로 예치하였을 때, 연이율에 따라 복리로 계산하면 현재 얼마가 되었는지 계산해 보면 다음과 같다.

원금($)	연이율	원리 합계($)	대략 금액
24	2%	55,320	5만 5천 달러
	3%	2,509,378	251만 달러
	4%	109,710,174	1억 971만 달러
	5%	4,626,229,547	46억 2623만 달러
	6%	188,280,160,668	1882억 8016만 달러

현재 우리나라에서는 예금이나 적금의 금리가 2% 미만이므로 오랜 기간이 지나더라도 많은 이자가 붙었다는 것을 크게 실감하기는 어렵다.

둘째, 오랜 예치 기간이 필요하다. 원금 1만 원을 연이율 5%의 이율로 적립하는 경우 기간별 원리 합계를 계산해 보면 다음과 같다.

원금(원)	연이율	기간(년)	원리 합계(원)
10,000	5%	2	11,025
		5	12,763
		10	16,289
		20	26,533
		30	43,219
		50	114,674
		100	1,315,013

실제 5%의 이율은 적은 이율이 아니다. 하지만 기간이 짧으면 금액 차이는 별로 나지 않는다. 우리가 눈으로 보더라도 대략적으로 최소 30년은 지나야 조금 많아졌다는 것을 느낄 수 있고 50년 정도 지나야 이자가 많이 붙었다는 것을 느낄 수 있게 된다. 위 표에서 볼 수 있듯이 복리의 효과를 보려면 예치 기간이 상당히 길어야 한다.

드림아.
이 해바라기를 보렴.
해바라기뿐 아니라 파인애플,
옥수수, 솔방울, 눈송이에도
수학이 숨겨져 있단다.

자연 속에는
수학적인 규칙이 숨겨져 있어.
이렇게 발견되는 규칙을 이용해서
여러 가지 문제를 해결할 수 있지.

에이~
꽃 속에 무슨
수학이 들어 있어요?

06

함수 이야기

1 함수란 무엇일까?

❶ 미래 예측을 가능하게 하는 함수

요즘 청소년들 사이에 관심을 갖고 시도해 보는 비트박스에 담긴 규칙을 먼저 이야기해 보자. TV 속에서, 혹은 길거리를 지나치다 보면 비트박스 공연을 하는 사람들을 볼 수 있다.

비트박스는 사람의 입으로 여러 가지 악기 소리를 내고 손으로 장단을 맞추면서 다양한 음악소리를 내는 연주 방법이다. 입으로 다양한 악기 소리를 내며 음악을 완성하는 것이다.

음악을 만들어 낸다는 것이 어려워 보이지만, 사실 비트박스 속에는 일정한 규칙, 즉 패턴이 있다. 킥(kick), 하이햇(hihat), 스네어(snare)라는 세 가지 방식을 동일한 패턴에 맞추어 만들어 내면 그것이 바로 비트박스가 되는 것이다.

유튜브에서 비트박스 동영상을 찾아서 감상하고 비트박스의 규칙을 찾아 나만의 비트박스를 만들어 보자.

우리 주변에는 서로 일정한 관계를 가지면서 변화하는 것들이 많이 있다. 예를 들어 전력량에 따른 전기 요금, 물건을 살 때 물건의 개수와 가격, 주유소에서 휘발유를 넣을 때 휘발유의 양과 가격, 나이에 따른 신체 발육 상태, 기온과 소리의 전달 속도, 핸드폰 사용량에 따른 요금 체계, 불우 아동 후원 단체와 같은 전화로 성금을 모금할 때 전화 건수에 따른 성금 액수 등이 있다. 이처럼 우리 주변에서 일어나는 일들의 정해진 규칙을 찾을 수 있다면 우리 삶이 편해질 것이다. 정해진 규칙을 변화하는 두 양 사이의 관계식으로 나타내는 방법을 알아보자.

드림이네 가족은 주말에 TV를 시청하다가 불우 아동 후원 광고 방송을 보게 되었다. 매달 2만 원씩만 도와준다면 힘을 얻어 살아갈 수 있다는 방송을 시청하면서 불우 아동 후원 단체에 매달 2만 원씩 후원하기로 하였다. 후원 기간을 x개월, 총 후원 금액을 y만 원이라고 할 때, x, y 사이의 대응 관계를 만들어 보자.

x(개 월)	1	2	3	4	5	⋯
	↓	↓	↓	↓	↓	
y(만 원)	2	4	6	8	10	⋯

위에서 x의 값은 1, 2, 3, 4, 5, …로 변하고, y의 값은 2, 4, 6, 8, 10, …로 변한다. 이때 x, y와 같이 여러 가지 값을 가질 수 있는 문자를 변수라고 한다. 또한 두 변수 x, y 사이에서 x의 값이 변할 때, 각각의 x값에 따라 y의 값이 오직 하나씩 정해지는 대응관계가 성립하면, y를 x의 함수라고 한다.

전국에서 이 방송을 보고 100명이 동참한다면 매달 200만 원씩 통장에 입금이 될 것이다. 200명이 동참한다면 매달 400만 원씩… 후원 인원수에 대한 매달 통장 입금 금액을 x명이 2만 원씩 참가했을 때 총 후원 금액을 y만 원이라고 할 때, y는 x에 대한 함수가 된다.

우리가 생활하고 있는 일상 속에서 함수와 밀접한 것들이 많이 있다. 사람들 사이의 관계도 함수로 말할 수 있다. 내가 좋아하는 사람은 그 사람도 나를 좋아하고 내가 미워하는 사람은 그 사람도 나를 미워한다. 내가 행복해하면 모두가 행복해 보이고, 내가 상대방에게 퉁명스럽게 얘기하면 상대방도 내게 반감을 가지게 된다. 이 외에도 표현할 수 있는 것들이 무엇이 있을까?

 탐구1 » 한 개에 1500원 하는 아이스크림이 있다. 이 아이스크림을 x개 살 때, 금액을 y원이라고 하자. 구입하는 아이스크림 개수에 따라 가격이 어떻게 변하는지 알아보고 x, y 사이의 관계식을 구해 보자.

나의 생각은?

❷ 함수를 어떻게 표현할까?

각 자동차의 리터당 주행 거리는 자동차 배기량에 따라 각기 다르다. 배기량이 큰 자동차는 리터당 주행 거리가 짧고, 배기량이 작은 자동차는 리터당 주행 거리가 길다. 위 자동차는 리터당 주행 거리가 14km라고 한다.

x리터를 주유했을 때 달릴 수 있는 거리를 $y$km라고 하면 $y=14x$가 성립한다. 이와 같이 y는 x의 함수이고 y가 x의 식 $f(x)$로 주어질 때, 이 함수를 기호로 $y=f(x)$와 같이 나타낸다. 함수 기호 f는 작용이나 기능을 의미하는 영어 function의 첫 글자를 따서 표시한 것이다.

한편, 함수 $y=f(x)$에서 x의 값이 정해지면 $f(x)$의 값을 구할 수 있다.

예를 들어 함수 $f(x)=14x$에서 x에 1, 2, 3, 4를 각각 대입하면

$$f(1)=14\times1=14$$
$$f(2)=14\times2=28$$
$$f(3)=14\times3=52$$

를 얻는다. 이 값을 각각 $x=1$, 2, 3, 4에 대한 함숫값이라고 한다.

서울에서 부산까지는 392km라고 한다. 리터당 주행 거리가 14km인 자동차로 서울에서 부산까지 일정한 속도로 주행하려고 한다. 최소 몇 리터 이상 주유해야 중간에 주유하지 않고 주행할 수 있을까?

나의 생각은?

탐구 **3** »» 지면에서 산의 높이가 100m씩 높아질 때마다 온도가 0.6℃씩 떨어진다고 한다. xm 높아질 때 떨어진 온도를 y℃라고 할 때, 다음 물음에 답하여라.

(1) x, y 사이의 관계를 식으로 나타내 보자.

> 나의 생각은?

(2) 드림이는 8월에 '유럽의 지붕'이라 불리는 스위스 융프라우 여행을 하였다. 융프라우는 인터라켄의 명물이자 인터라켄이 전 세계적으로 유명해진 이유이기도 하다. 높이가 약 3,500m에 달하는 융프라우는 눈 덮인 산봉우리와 아름다운 설경으로 잘 알려져 있다. 드림이가 여행하는 기간 동안 인터라켄의 평지 온도가 영상 20도일 때 융프라우의 온도는 몇 도일까? 또한 여행가방 짐을 꾸릴 때 옷은 어떻게 준비하는 것이 좋을까?

> 나의 생각은?

2 실생활에서 좌표의 활용

❶ 우리가 서있는 위치를 어떻게 표현할까?

　수학에서는 위치를 설명하기 위해 좌표라는 개념을 도입했다. 좌표를 처음 사용한 수학자는 16세기 말 프랑스에서 태어난 데카르트(Descartes)이다. 데카르트는 철학자, 과학자를 겸하였으며 어릴 때부터 몸이 허약해서 침대에 누워 있는 시간이 많았다고 한다. 침상에 누워 있으면서 많은 사색을 하게 되어 데카르트 철학을 침상 철학이라고 불리기도 하였다. 이후 군대에 가게 된 데카르트는 어느날 침대에 누워 있다가 천장에 파리 한 마리가 날아든 걸 유심히 바라보다가 '파리의 위치를 어떻게 정확하게 표현할 수 있을까'를 고민하게 되었다. 그러던 중 천장에 바둑판 모양의 그림을 그리면 파리의 위치를 표현할 수 있겠다고 생각했고, 그 결과 수많은 연구 끝에 만들어진 것이 바로 지금의 좌표평면이다.

　좌표 개념이 실생활에 활용되는 예는 곳곳에서 찾아볼 수 있다. 자동차를 운전할 때 우리의 운전을 도와주는 내비게이션, 영화표를 예매할 때 좌석의 위치, 지하철 노선도 등등 다양한 분야에 좌표 개념이 쓰이고 있다. 이 좌표가 수학의 도구로 활용되면서 가장 발달한 분야는 지도이다. 종이 지도가 디지털 기술과 만나서 생긴 컴퓨터 지도는 과거의 지도와는 비교가 안 될 만큼 풍부한 정보를 만들어 낸다. 사용 목적과 용도에 따라 다양하게 재탄생한 지도는 발달한 현대 사회를 이해하는 중요한 정보이다.

　지도상의 모든 점의 위치를 (경도, 위도)로 나타내면 순서쌍으로 표현할 수 있다. 우리나라의 수도 서울은 $(127°, 37.5°)$이다. 이와 같이 순서를 생각하여 두 수를 짝지어 나타낸 것을 순서쌍이라고 한다.

우리나라와 일본 사이에 영토 분쟁을 벌이고 있는 섬이 있다. 우리가 끝까지 지키고 수호해야할 섬 독도를 알아보고 순서쌍으로 표현해 보자.

독도를 지켜야 할 여러 가지 이유가 있지만 크게 4가지로 볼 수 있다. 풍부한 지하사원이 매장되어 있고, 독도 주변 해역은 풍성한 황금어장이며, 군사적으로 중요한 위치에 있다. 또한 한국의 배타적 경제 수역 경계 설정을 위한 협상에서 유리한 고지를 선점할 수 있기 때문이다. 독도의 지리적인 위치는 경상북도 울릉군 울릉읍 독도리 동경 131˚52′, 북위 37˚14′에 위치해 있다.

1. 독도의 위치를 지도상에 화살표로 표시해 보자.

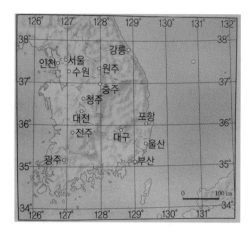

2. 충주의 위치를 순서쌍으로 나타내 보자.

나의 생각은?

❷ 영화표를 예매해 볼까?

영화를 관람하기 위해 표를 애매하려고 할 때, 인터넷이나 티켓 발매기를 활용한다. 이때 좌석 번호는 스크린을 기준으로 가로축은 A, B, C, D, E, … 알파벳으로, 세로축은 1, 2, 3, 4, 5, … 숫자로 표시하여 의사소통하는 것을 알 수 있다.

예를 들어 영화표를 예매하기 위해서 I행 7번과 8번 좌석을 선택했다면 좌석은 어떻게 찾아야 할까?

예매한 좌석은 초록색 표시된 곳으로 수학적 기호를 사용한다면 순서쌍 (I, 7), (I, 8)로 표시할 수 있으며, 좌석을 선택하거나 찾을 때 매우 편리하게 사용할 수 있다.

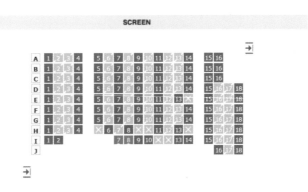

두 직선이 점 O에서 서로 수직으로 만날 때 가로의 수직선을 x축, 세로의 수직선을 y축이라 하고, 이 두 축을 통틀어 좌표축이라고 한다.

또 두 좌표축의 교점 O를 원점이라 하고, 좌표축이 정해져 있는 평면을 좌표평면이라고 한다.

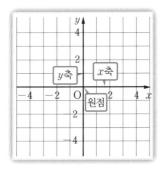

좌표평면

좌표평면 위의 한 점 P에서 x축, y축에 각각 수선을 긋고 이 수선이 x축, y축과 만나는 점에 대응하는 수를 각각 a, b라고 할 때 순서쌍 (a, b)를 점 P의 좌표라 하고 이것을 기호로 $P(a, b)$와 같이 나타낸다.

이때 a를 점 P의 x좌표, b를 점 P의 y좌표라고 한다.

데카르트는 평면을 나눌 때 가로축과 세로축을 수직으로 만나게 놓아서 1개로 분할하여 사용하였다. 좌표평면이 두 좌표축에 의하여 제1사분면, 제2사분면, 제3사분면, 제4사분면의 네 부분으로 나누어지듯이, 세계 지도도 적도와 본초자오선을 기준으로 각각 15도씩 나누어 네 부분으로 나누어진다.

우리나라의 위치를 더 정확히 나타내는 방법은 없을까? 세계 지도를 살펴보면 가로선과 세로선이 그려져 있는 것을 볼 수 있다. 이 선들은 위치를 쉽게 알 수 있게 하려고 그려 놓은 가상선이다. 동서 방향의 가로선을 위선, 남북 방향의 세로선을 경선이라고 한다. 한 점의 위치는 바로 위선과 경선이 만나는 점으로 결정된다. 위도는 적도를 기준으로 남위와 북위 각각 $90°$까지, 경도는 본초자오선을 기준으로 하여 동경과 서경 각각 $180°$까지 나타낸다.

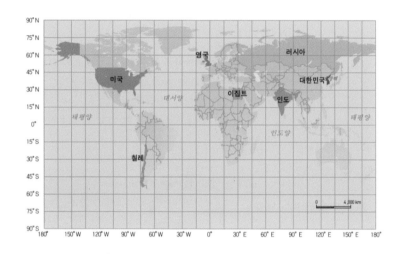

지구가 한 바퀴 $360°$를 자전하려면 24시간 걸리므로 360을 24로 나누면 15가 되어 경도 $15°$마다 1시간씩 차이가 난다. 유럽과 우리나라뿐만 아니라 세계 각 지역의 시간은 차이가 나는데 이것을 시차라고 한다. 이처럼 시차가 발생하는 것은 지구가 자전하기 때문이다. 지구의 자전이 시계 반대 방향이므로 본초자오선에서 동쪽으로 갈수록 시간이 이르고 서쪽으로 갈수록 늦어진다. 서울의 위도 경도를 순서쌍으로 나타내면 (북위 $37.5°$, 동경 $127°$)이고, 우리나라는 경도 $135°$선을 표준 경선으로 표준시를 정한다.

시차 개념을 이해하면 시차로 발생하는 문제를 미리 예방할 수 있다. 예를 들면 영국 런던에서 오후 9시에 열리는 축구 경기 생중계 방송을 우리나라에서 보려고 한다. 몇 시에 봐야 할까? 위 세계 지도를 보면 쉽게 구할 수 있다. 영국보다 동쪽으로 9시간, 즉 9칸을 가면 오전 2시에 졸린 눈을 부비면서 볼 수 있다.

또한 우리나라와 위도가 반대편에 있는 오스트리아는 계절이 우리나라가 봄일 때 가을이고, 여름일 때 겨울이다. 세계지도를 좌표축을 그려서 살펴보면 시차를 쉽게 이해할 수 있다.

3 코딩을 활용하여 위도, 경도 표시하기

우리가 서있는 위치의 위도, 경도를 직접 구하는 것은 어렵다. 코딩을 이용하여 편리하고 쉽게 찾아보자. 코딩을 이용하여 마우스로 클릭한 곳의 위치를 순서쌍으로 나타내 보자.

코딩!!

대한민국 지도에서 마우스를 클릭한 곳의 위도와 경도를 표시해 보자.

1 문제 분석

1. 글상자를 이용하여 출력되는 위도와 경도 값을 표현한다.
2. 엔트리의 (x, y) 좌표 체계와 지도의 (위도, 경도) 좌표 체계를 대응시키는 함수식을 이용한다.
3. 지도상에 마우스를 클릭하면 해당 위치의 위도와 경도를 출력한다.

2 화면 구성 및 오브젝트

오브젝트명	설명
제목	'지도 좌표 구하기' 제목을 표시하는 글상자이다.
대한민국지도	외부 이미지로부터 추가한 오브젝트이다.
커서(1)	마우스 커서를 따라 다닌다.
위도	'위도'라는 글을 표시하는 글상자이다.
경도	'경도'라는 글을 표시하는 글상자이다.
위도값	'?'라는 글을 표시하는 글상자로, 계산된 위도 값을 표시한다.
경도값	'?'라는 글을 표시하는 글상자로, 계산된 경도 값을 표시한다.

❸ 변수, 신호 설계

변수	설명	변수 보이기
x좌표	마우스를 클릭한 x좌표이다.	보이기
y좌표	마우스를 클릭한 y좌표이다.	보이기
위도	(x, y) 좌표에서 변환된 위도 좌표이다.	감추기
경도	(x, y) 좌표에서 변환된 경도 좌표이다.	감추기

신호	설명
좌표변환 완료	좌표 변환이 완료되면 신호를 보내 좌표를 표시하게 한다.

❹ 알고리즘 설계

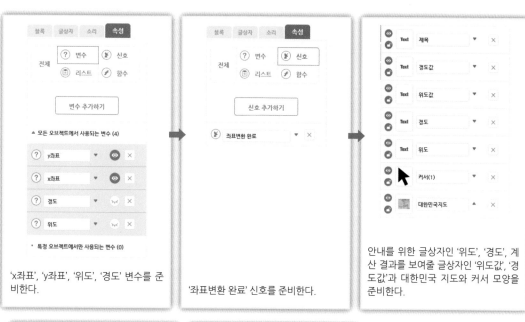

'x좌표', 'y좌표', '위도', '경도' 변수를 준비한다.

'좌표변환 완료' 신호를 준비한다.

안내를 위한 글상자인 '위도', '경도', 계산 결과를 보여줄 글상자인 '위도값', '경도값'과 대한민국 지도와 커서 모양을 준비한다.

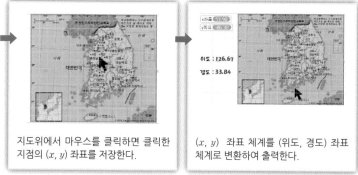

지도위에서 마우스를 클릭하면 클릭한 지점의 (x, y) 좌표를 저장한다.

(x, y) 좌표 체계를 (위도, 경도) 좌표 체계로 변환하여 출력한다.

⑤ 블록 프로그래밍을 이용한 해결

1 엔트리봇 오른쪽에 위치한 ⊠ 버튼을 클릭하여 기본 오브젝트인 '엔트리봇'을 삭제한다.

2 대한민국 지도 그림을 업로드한다.
- 지도를 다운받아 저장한다.(http://tip.daum.net/question/71096807)

- [오브젝트 추가] 창에서 파일 업로드 탭을 선택한 후 '파일 추가' 버튼을 눌러 위에서 다운받은 지도 파일을 추가하고 선택한 후 '적용하기' 버튼을 눌러 업로드하고 속성을 다음과 같이 변경한다.

오브젝트 이름	(x, y) 좌표	크기
대한민국지도	(40, 0)	300

3 '커서(1)' 오브젝트를 추가한다. [오브젝트 추가] 창에서 '커서'를 검색한 후 '커서(1)'을 선택하고 '적용하기' 버튼을 클릭하여 오브젝트를 추가한다.

4 '제목' 글상자를 추가한다. [오브젝트 추가] 창에서 글상자 탭을 선택한 후 '지도 좌표 구하기'를 입력하고 '적용하기' 버튼을 클릭하여 오브젝트를 추가한 후 크기를 적당히 조절한다. (글꼴과 색상은 임의로 지정한다.)

5 같은 방법으로 그림과 같이 위도 :, ?(위도값), 경도 :, ?(경도값) 글상자를 추가한 후 적절하게 배치한다.

6 '대한민국지도' 오브젝트가 동작할 블록 코딩을 작성한다.
- 시작하기 버튼을 클릭하면 위치와 크기를 설정한다.

7 '커서(1)' 오브젝트가 동작할 블록 코딩을 작성한다.
- 시작하기 버튼을 클릭하면 위치를 마우스 포인터 위치로 변경하고 마우스 움직임을 따라다니게 한다.

- 마우스를 클릭했을 때 클릭한 지점의 (x, y) 좌표를 구해서 변수 'x좌표', 'y좌표'에 저장한다.

- (x, y) 좌표 체계를 (위도, 경도) 좌표 체계로 변환하고 변환 값을 변수 '위도', '경도'에 저장한다.

① (x, y) 좌표 체계에서 원점 좌표 (0, 0)은 (위도, 경도) 좌표 체계의 (125.5, 36) 정도의 값을 갖는다.

② 1 위도는 (x, y) 좌표 체계에서 x좌표 길이 46 정도의 값을 갖는다.

③ 1 경도는 (x, y) 좌표 체계에서 y좌표 길이 40 정도의 값을 갖는다.

• 구한 위도, 경도 좌표체계에서 소수점 2째 자리까지만 표현하게 계산하고 값을 변수 '위도', '경도'에 다시 저장하고 '좌표변환 완료' 신호를 보낸다.

8 '위도값', '경도값' 오브젝트 글상자가 동작할 블록 코딩을 작성한다.

• '좌표변환 완료' 신호를 받으면 변수 '위도', '경도'의 값을 글상자에 표시한다.

1 완성된 코드

오브젝트	블록 코드
Text 위도	
Text 경도	
대한민국지도	
커서(1)	

2 실행 결과

도전 과제!

1. (위도, 경도)의 좌표 값을 더 정확하게 표현할 수 있도록 보정해 보자.
2. 세계지도를 이용하여 (위도, 경도)의 좌표 값을 구해 보자.

4 일차함수란 무엇일까?

❶ 일차함수의 뜻

세계인의 축제, 제23회 동계 올림픽 대회는 대한민국 강원도 평창에서 2018년 2월 9일부터 25일까지 17일간 개최되었다. 4년마다 열리는 동계 올림픽 대회 종목 중에서 인간 새처럼 창공을 나는 종목은 스키 점프이다.

북유럽 지방의 놀이에서 유래한 스키 점프는 '인간 새'들이 창공으로 날아오르는 모습을 보면서 짜릿함을 느끼는 경기다. 스포츠로 자리 잡은 것은 19세기 후반으로, 1862년 노르웨이에서 첫 대회가 열린 것으로 알려졌다. 동계 올림픽에서는 1924년 샤모니 대회부터 정식 종목으로 선보였고, 이후 1964년 인스브루크 대회에는 라지힐(Large Hill) 종목이 추가되는 등 발전해 왔다.

세부 종목은 도약대의 길이에 따라 노멀힐(Normal Hill)과 라지힐로 나뉜다. 점프대의 규격을 분류할 때는 'K'라는 약자가 쓰이는데 K-95는 비행 기준 거리가 95m라는 의미다. 소치 올림픽에는 남자 개인 노멀힐(K-90), 남자 개인 라지힐(K-120), 남자 단체 경기(K-120), 여자 개인 노멀힐(K-90)에서 4개의 금메달이 걸려 있다.

경기에서는 선수가 날아올라 기준 거리에 도달하면 기본 점수 60점이 주어진다. 여기에 1m가 늘어날 때마다 노멀힐 기준으로 2점이 주어지고, 모자라면 반대로 2점이 감점된다. 라지힐에서는 1m에 1.8점씩 주어지거나 깎인다.

노멀힐(K-90)에서 기준 거리를 xm 초과했을 때 받는 비행 거리의 부분의 점수를 y점이라고 할 때, x, y 사이의 관계를 식으로 나타내면,

기준 거리 1m를 초과하면 점수는 62점, 기준 거리 2m를 초과하면 점수는 64점, 기준 거리 3m를 초과하면 점수는 66점…

기준 거리 xm를 초과했을 때 받는 점수가 y점이므로 $y=2x+60$과 같이 y는 x에 대한 일차식으로 나타낼 수 있다. 이 식에서 x값이 하나 정해지면 y의 값도 오직 하나로 정해지므로 y는 x에 대한 함수이다.

일반적으로 함수 $y=f(x)$에서 y가 다음과 같이 x에 관한 일차식일 때, 이 함수를 x에 관한 일차함수라고 한다.

$$y=ax+b(a, b는 상수, a≠0)$$

❷ 실생활 속에서 일차함수의 활용

우리가 공부하기 위해서 앉아있는 책상과 의자에도 일차함수가 숨어 있다.

성장기에 있는 드림이는 키가 훌쩍 자라서 지금까지 집에서 사용하던 책상과 의자의 높이가 맞지 않아서 몸이 피곤함을 자주 느낀다. 부모님께서 책상과 의자를 새로 구입하려고 하는데 되도록 드림이의 키에 맞는 책상과 의자를 구입해 주려고 한다.

드림이는 자신의 키에 맞는 책상과 의자를 구입하기 위해 자료를 찾아보았더니 의자의 높이는 자신의 키의 0.23배이고 책상의 높이는 자신의 키의 0.18배에 의자의 높이를 더한다는 사실을 알아냈다. 내 키에 딱 맞는 책상과 의자의 높이를 구해 보자.

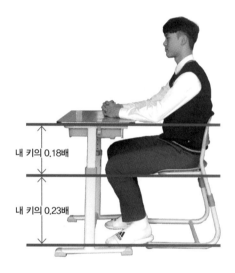

 1. 자신의 키를 x라 하고 책상의 높이를 y라 할 때, x, y에 관한 함수식을 써 보자.

나의 생각은?

2. 자신의 키에 맞는 의자의 높이와 책상의 높이를 구해 보자.

나의 생각은?

❸ 일차함수의 그래프

함수 $y=f(x)$가 주어질 때, x의 값을 x좌표로 하고, 이에 대응하는 함숫값을 y좌표로 하는 순서쌍 (x, y)를 모두 좌표평면 위에 나타낸 것을 그 함수의 그래프라고 한다.

함수 $y=2x$에 대하여 x값이 -2, -1, 0, 1, 2일 때 이에 대응하는 y값을 순서쌍으로 나타내면 $(-2, -4)$, $(-1, -2)$, $(0, 0)$, $(1, 2)$, $(2, 4)$이다. 이 순서쌍을 좌표로 하는 점을 좌표평면 위에 나타내면 오른쪽 그림의 점과 같다.

함수 $y=2x$의 그래프를 그려 보자.

x값이 -3, -2, -1, 0, 1, 2, 3일 때 이에 대응하는 y값을 순서쌍으로 나타내면 $(-3, -6)$, $(-2, -4)$, $(-1, -2)$, $(0, 0)$, $(1, 2)$, $(2, 4)$, $(3, 6)$이다. 이 순서쌍을 좌표로 하는 점을 좌표평면 위에 나타내면 오른쪽 그림의 점과 같다.

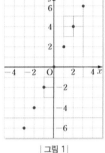

| 그림 1 |

따라서 x의 범위가 수 전체일 때, 함수 $y=2x$의 그래프는 오른쪽 그림과 같이 이 점들을 모두 지나는 직선이다.

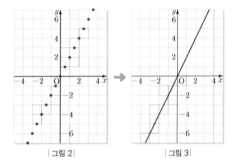

| 그림 2 |　　　　| 그림 3 |

탐구 6 ≫

1. x의 범위가 수전체일 때 함수 $y=2x+b$의 그래프를 코딩을 이용하여 그려 보고 b값에 따라 어떻게 변하는지 알아보자.(단 b는 상수)

> 나의 생각은?

2. 함수 $y=ax+2$의 그래프를 코딩을 이용하여 그려 보고 a값에 따라 어떻게 변하는지 알아보자.(단 $a \neq 0$인 상수)

> 나의 생각은?

5 코딩을 활용하여 일차함수 그리기

우리가 서 있는 위치의 위도, 경도를 직접 구하는 것은 어렵다. 코딩을 이용하여 편리하고 쉽게 찾아보자. 코딩을 이용하여 마우스로 클릭한 곳의 위치를 순서쌍으로 나타내 보자.

코딩!!

일차 함수식을 이용하여 그래프를 그리는 프로그램을 작성해 보자.

1 문제 분석

1. 일차 함수식에서 계수와 상수를 입력받는다.
2. x축 $-200 \sim 200$ 범위 내에서 함수의 x, y 좌표를 계산하고 그래프를 그린다.

2 화면 구성 및 오브젝트

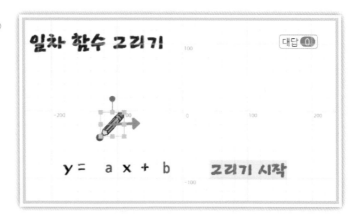

오브젝트명	설명
제목	'일차 함수 그리기' 제목을 표시하는 글상자이다.
함수식	'y=　x + '라는 글을 표시하는 글상자이다.
그리기 시작	'그리기 시작'이라는 글을 표시하는 글상자로, 클릭하면 함수식에 의해 연필이 움직일 좌표를 계산한다.
a값	'a'라는 글을 표시하는 글상자로, 클릭하면 x의 계수를 입력받는다.
b값	'b'라는 글을 표시하는 글상자로, 클릭하면 상수를 입력받는다.

변수	설명	변수 보이기
a	일차 함수식 x의 계수로 입력받는다.	감추기
b	일차 함수식 상수의 계수를 입력받는다.	감추기
x좌표	연필이 움직일 x좌표로 일차 함수식에 의해 계산한다.	보이기
y좌표	연필이 움직일 y좌표로 일차 함수식에 의해 계산한다.	보이기

신호	설명
그리기 시작	'그리기 시작' 글상자를 클릭하면 신호를 보낸다.

❹ 알고리즘 설계

'x좌표', 'y좌표', 'a', 'b' 변수를 준비한다.

'그리기 시작' 신호를 준비한다.

안내를 위한 글상자인 '제목', '함수식'과 그래프를 그릴 '연필(1)', 계수와 상수를 입력받는 'a값', 'b값', '그리기 시작' 텍스트 버튼을 준비한다.

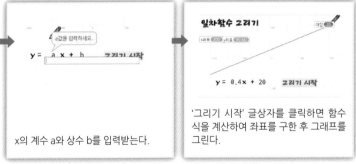

x의 계수 a와 상수 b를 입력받는다.

'그리기 시작' 글상자를 클릭하면 함수식을 계산하여 좌표를 구한 후 그래프를 그린다.

5 블록 프로그래밍을 이용한 해결

1 엔트리봇 오른쪽에 위치한 ⊠ 버튼을 클릭하여 기본 오브젝트인 '엔트리봇'을 삭제한다.

2 '제목' 글상자를 추가한다. 오브젝트 추가하기 버튼을 클릭하면 나타나는 [오브젝트 추가하기] 창에서 글상자 탭을 선택하여 글꼴을 고딕체로 선택한 후 '일차 함수 그리기'를 입력하고 '적용하기' 버튼을 클릭하여 오브젝트를 추가한 후 크기를 적당히 조절한다.

3 함수식 'y = x + ' 글상자를 추가한다.

4 같은 방법으로 그림과 같이 'a', 'b', '그리기 시작' 글상자를 추가한 후 배치한다.

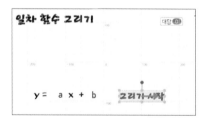

5 '연필(1)' 오브젝트를 추가한다. [오브젝트 추가] 창에서 '연필'을 검색한 후 '연필(1)'을 선택하고 '적용하기' 버튼을 클릭하여 오브젝트를 추가한다.

6 'a값', 'b값' 오브젝트가 동작할 블록 코딩을 작성한다.
 • 'a'를 클릭하면 값을 입력받아 화면에 표시한다.

 • 'b'를 클릭하면 값을 입력받아 화면에 표시한다.

7 '그리기 시작' 오브젝트가 동작할 블록 코딩을 작성한다.
 • '그리기 시작'을 클릭하면 신호를 보낸다.

8 '연필(1)' 오브젝트가 동작할 블록 코딩을 작성한다.
 • 시작하기 버튼을 클릭하면 안내 메시지를 표시한다.

 • '그리기 시작' 신호를 받으면 함수식에 따라 x, y 좌표를 계산하여 함수 그래프를 그린다.

6 결과 확인

1 완성된 코드

오브젝트	블록 코드
Text a	
Text b	
Text 그리기 시작	
  연필(1)	

2 실행 결과

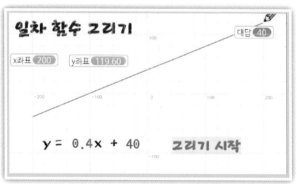

2013. 1.30 오후 4시 대한민국 우주 독립의 꿈을 실은 나로호가 발사되었다. 나로호는 과학 위성을 실어 지구적외도에 쏘아 올리는 우주 발사체이다. 우리 기술로 만들고 한반도 상공에서 쏘아 올린 나로호는 대한민국의 우주 탐험 역사가 새롭게 시작된 순간이다. 나로호는 총길이 33m이고, 무게는 약 140톤에 달하는 거대 로켓이다. 나로호의 속도를 300km까지 올리려면 첨단 기술이 필요한데, 가장 중요한 기술 중 하나가 바로 연료이다. 연료의 무게와 나로호 발사에 어떤 관계가 있을까? 운행 거리와 연료의 양은 잘 조절해야 한다. 연료를 적게 주입하면 궤도 진입에 실패하고 너무 많이 주입하면 지나치게 높이 솟아올라 궤도를 벗어난다. 정확한 연료의 양은 성공적인 궤도 진입을 위해서는 필수 조건이다.

나로호의 발사 과정을 표와 그래프로 나타내 보자.

함수그래프를 활용하면 나로호의 발사 과정을 한눈에 정리해 주고 이를 통해 시간에 따른 고도를 예측할 수 있다. 수학자는 미리 로켓의 시간과 위치 관계를 나타내는 함수식을 찾아낼 수 있다. 물론 우리나라의 나로호도 함수식에 따라 발사되었고 지구 위를 돌면서 임무를 수행하고 있다.

총 비행 시간을 x, 시간에 따라 달라지는 고도를 y라고 할 때 아래와 같은 함수 그래프가 완성된다.

시간	0	54	215	229	232	395	453	540
고도	0	7.2	177	193	196	303	304	302

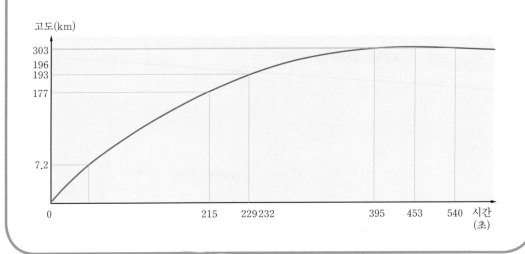

6 이차함수란 무엇일까?

❶ 이차함수의 뜻

드림이와 빵이는 건물의 높이가 국내 최고이고 세계에서 3위인 서울의 새 랜드마크 제2롯데월드 전망대 120층 스카이 테라스에서 서울을 구경하게 되었다. 호기심이 많은 드림이는 '크기가 같은 150g짜리 야구공과 100g짜리 테니스공을 스카이 테라스에서 동시에 떨어뜨린다면 어느 것이 먼저 땅에 떨어질까?' 하고 빵이에게 물었다.

빵이는 '무거운 것이 먼저 떨어지지 않을까?'라고 대답을 했다.

집에 돌아온 드림이는 궁금증이 해결되지 않아 자료를 찾아보았다.

이미 1590년에 갈릴레오 갈릴레이(Galileo Galilei)는 군중들 앞에서 1파운드 무게와 또 하나는 2파운드의 무게의 금속 공 2개를 피사의 탑 발코니의 난간 끝에 놓고 동시에 떨어뜨리는 낙하 실험을 했다고 한다.

군중들은 두 개의 공이 나란히 떨어지는 것을 보았고, 또 같은 시각에 지면에 떨어지는 단 한 번의 소리를 들었다는 일화가 있었다.

갈릴레오는 물체를 이용한 다양한 실험을 통하여 공기의 저항력을 완전히 없앤다면 모든 물체가 같은 속도로 떨어질 것이라고 결론짓고, 물체의 낙하 거리는 시간의 제곱에 비례한다는 사실을 발견하였다.

즉, 거리 사이의 관계로 낙하 시간을 x(초), 낙하 거리를 y(m)라고 할 때, 이차함수 $y=-\dfrac{1}{2}gx^2$(단, $g=9.8\text{m/s}^2$)를 만들어 내는 데 성공했으며, 자연을 수학화하는 데 성공한 것이다. 갈릴레오의 이 발견은 17세기 영국의 과학자 뉴턴이 만유인력을 발견하는 데 도움을 주었다고 한다.

이와 같이 y를 x에 대한 이차식으로 나타낼 수 있을 때, x값이 하나 정해지면 y의 값도 오직 하나로 정해지므로 y는 x에 대한 함수이다.

일반적으로 함수 $y=f(x)$에서 y가 x에 대한 이차식일 때, 이 함수를 x에 관한 이차함수라고 한다.

$$y=ax^2+bx=c \ (a, b, c는 \ 상수, \ a \neq 0)$$

드림이는 대한민국 최고의 축제라고 불리는 서울세계불꽃축제를 보러 한강시민공원을 찾았다. 하늘을 향해 쏘아올린 폭죽은 터지면서 화려한 수를 놓으면 포물선 모양으로 자유낙하하는 모습을 볼 수 있었다. 지면에서 초속 24m로 쏘아올린 폭죽의 높이는 $y=-5t^2+24t$로 이차함수로 나타낼 수 있다.

이외에도 이차함수로 나타낼 수 있는 예들이 많이 있다. 다리 양쪽에 기둥을 세우고 팽팽한 케이블로 연결하였지만 중력에 의해 줄이 아래로 처지면서 포물선을 만들어지는 현수교, 더운 여름에 많이 볼 수 있는 분수의 물줄기, 농구장에서 쉽게 볼 수 있는 던져 올린 농구공의 떨어지는 궤적, 운동장에서 과학의날 행사할 때 학생들이 물로켓을 초속 20m/sec로 쏘아올린 t초 후의 높이 $h=20t-5t^2$ 등 우리 주위에서 많이 볼 수 있다.

❷ 이차함수의 그래프

이차함수 그래프의 모양이 어떤 모양인지 가장 기본적인 이차함수 $y=x^2$의 그래프를 통하여 알아보자.

이차함수 $y=x^2$에 대하여 x의 값에 대응하는 y의 값을 구하여 순서쌍 $(x,\ y)$를 좌표로 하는 점, 즉

$\cdots,\ (-3,\ 9),\ (-2,\ 4),\ (-1,\ 1),\ (0,\ 0),\ (1,\ 1),\ (2,\ 4),\ (3,\ 9),\ \cdots$

를 좌표평면 위에 나타내면 [그림 1]과 같다.

[그림 1]에서 이제 x의 값 사이의 간격을 점점 작게 하여 x의 값을 실수 전체로 하면 그 그래프는 [그림 2]와 같이 원점을 지나는 아래로 볼록한 매끈한 포물선이 된다. 이 곡선이 x의 값이 실수 전체의 값을 가질 때, 이차함수 $y=x^2$의 그래프이다.

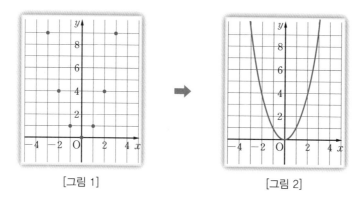

[그림 1]   [그림 2]

우리 실생활에서 볼 수 있는 이차함수그래프는 $y=x^2$의 그래프를 폭을 늘리거나 좁혀서 평행 이동시키거나 대칭 이동시키면 된다. 일반적인 이차함수 $y=ax^2+bx+c$ 그래프는 $y=a(x-p)^2+q$ 꼴로 변형시켜서 $y=x^2$의 그래프를 평행 이동시키거나 대칭 이동시키면 좌표평면 위에 모두 나타낼 수 있다.

탐구 7 » $y=ax^2$에서 a값의 변화에 따라 그래프가 어떻게 달라지는지 역동적인 변화를 확인하기 위해서 코딩을 이용해서 그려 보고 $y=ax^2$ 그래프가 a값에 따라 어떻게 변화하는지를 알아보자.

나의 생각은?

❸ 실생활에서 이차함수의 활용

농구골대의 높이는 얼마나 될까. 드림이는 주말에 농구 경기를 관람하게 되었다. 농구 경기를 보면서 가장 흥미진진한 것은 장거리 숏 바로 3점 숏을 날릴 때이다. 골인을 위해 공을 멀리 보낼 때 공의 자취가 포물선 모양이 되는 것을 알 수 있다. 이 포물선 모양을 식으로 나타내면 $y=ax^2+bx+c(a\neq0)$이 가능하다. c는 선수가 공을 던지는 공의 높이이다.

한국의 성인 경기장의 농구골대 높이는 3.05m이고, 3점 숏 수평거리는 6.25m라고 한다. 농구를 좋아하는 드림이는 3점 숏 연습을 반복해서 시도하는데, 이때 던진 공들도 포물선이 나타난다.

1. 어느 농구 선수가 골대를 향해 던진 공의 x초 후 바닥에서 공의 높이를 y라 할 때, 선수가 던진 공의 자취가 이차함수 $y=-5x^2+10x+2$ 식이 성립한다고 할 때, 1초 후 던진 공의 높이는 얼마나 될까?

> 나의 생각은?

2. 던진 공이 가장 높은 위치에 있을 때 그 높이는 얼마일까?

> 나의 생각은?

7 코딩을 활용하여 이차함수 포탄 쏘기

난 무엇이든 백발백중 맞힐 수 있는 산타 명사수! 어떤 목표라도 다 맞힐 수 있지!!

가운데 굴뚝을 넘겨 선물을 잘 전달해 볼까?

발사 버튼이 이차함수 $y=a(x-p)^2+q$로 작동하는 포물선 대포를 코딩을 이용하여 해결해 보자.

코딩!

이차함수식을 이용하여 포탄을 목표물에 명중시키는 프로그램을 작성해 보자.

1 문제 분석

1. 이차함수식에서 계수와 상수를 입력받는다.
2. x축 $-200\sim250$ 범위 내에서 포탄의 좌표를 계산하고 포탄을 이동시킨다.
3. 깃발에 포탄이 닿으면 표시를 한다.

2 화면 구성 및 오브젝트

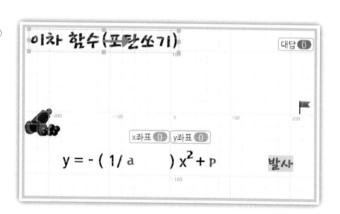

오브젝트명	설명
제목	'이차 함수(포탄 쏘기)' 제목을 표시하는 글상자이다.
함수식	'y=-(1/) x + '라는 글을 표시하는 글상자이다.
제곱2	'2'라는 글을 표시하는 글상자이다.
대포	포탄이 처음 시작하는 좌표로 이동한다.
포탄	이차함수식에 의해 포탄이 이동한다.
깃발	포탄이 도달하는 목표로 닿는지를 판단한다.
발사	'발사'라는 글을 표시하는 글상자로, 클릭하면 함수식에 의해 포탄이 움직일 좌표를 계산한다.
a값	'a'라는 글을 표시하는 글상자로, 클릭하면 x2의 계수를 입력받는다.
p값	'p'라는 글을 표시하는 글상자로, 클릭하면 상수를 입력받는다.

변수	설명	변수 보이기
a	이차 함수식 x의 계수로 입력받는다.	감추기
P	이차 함수식의 상수로 입력받는다.	감추기
x좌표	포탄이 움직일 x좌표로 이차함수식에 의해 계산한다.	보이기
y좌표	포탄이 움직일 y좌표로 이차함수식에 의해 계산한다.	보이기

신호	설명
발사	'발사' 글상자를 클릭하면 신호를 보낸다.

④ 알고리즘 설계

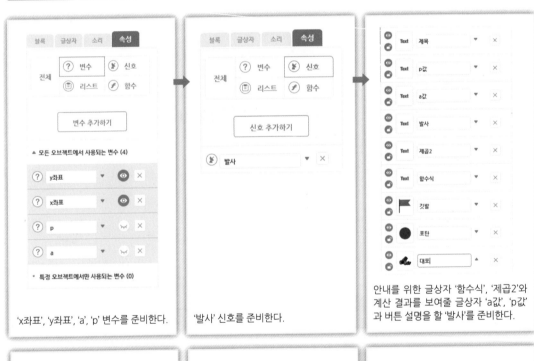

'x좌표', 'y좌표', 'a', 'p' 변수를 준비한다.

'발사' 신호를 준비한다.

안내를 위한 글상자 '함수식', '제곱2'와 계산 결과를 보여줄 글상자 'a값', 'p값'과 버튼 설명을 할 '발사'를 준비한다.

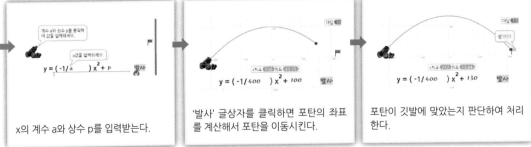

x의 계수 a와 상수 p를 입력받는다.

'발사' 글상자를 클릭하면 포탄의 좌표를 계산해서 포탄을 이동시킨다.

포탄이 깃발에 맞았는지 판단하여 처리한다.

⑤ 블록 프로그래밍을 이용한 해결

1 엔트리봇 오른쪽에 위치한 ☒ 버튼을 클릭하여 기본 오브젝트인 '엔트리봇'을 삭제한다.

2 '제목' 글상자를 추가한다. 오브젝트 추가하기 버튼을 클릭하면 나타나는 [오브젝트 추가하기] 창에서 글상 자 탭을 선택하여 글꼴을 고딕체로 선택한 후 '이차 함수(포탄쏘기)'를 입력하고 '적용하기' 버튼을 클릭하여 오브젝트를 추가한 후 크기를 적당히 조절한다.

3 함수식 $y = (-1/\quad) x +$ 글상자를 추가한다.

4 같은 방법으로 그림과 같이 제곱2, a값, p값, 발사 글상자를 추가한 후 배치한다.

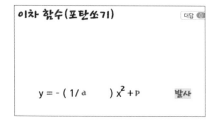

5 '깃발' 오브젝트를 추가한다. [오브젝트 추가] 창에서 '깃발'을 검색한 후 '깃발'을 선택하고 '적용하기' 버튼을 클릭하여 오브젝트를 추가한다.

⑥ '대포' 오브젝트를 추가한다. [오브젝트 추가] 창에서 '대포'를 검색한 후 '대포'를 선택하고 '적용하기' 버튼을 클릭하여 오브젝트를 추가한다.

⑦ '포탄' 오브젝트를 새로 그려서 추가한다.

• [오브젝트 추가하기] 창에서 '새로 그리기' 탭 – '이동하기'를 선택한다.

• 그리기 도구상자에서 원(⬤)을 선택하고 배경색을 선택한 후 그림판에 원을 그린다.

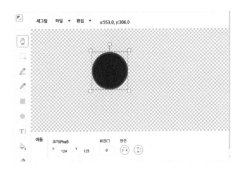

• 메뉴에서 [파일]–[저장하기]를 선택해서 저장하고 오브젝트의 이름을 '포탄'으로 변경한다.

⑧ 'a값', 'p값' 오브젝트가 동작할 블록 코딩을 작성한다.

• 'a값' 오브젝트를 클릭하면 값을 입력받아 화면에 표시한다.

- 'p값' 오브젝트를 클릭하면 값을 입력받아 화면에 표시한다.

오브젝트를 클릭했을 때
p값을 입력하세요. 을(를) 묻고 대답 기다리기
p▼ 를 대답 로 정하기
텍스트 모두 지우기
p▼ 값 라고 글쓰기

⑨ '대포' 오브젝트가 동작할 블록 코딩을 작성한다.

- 시작하기 버튼을 클릭하면 안내 메시지를 4초간 표시한다.

시작하기 버튼을 클릭했을 때
계수 a와 상수 p를 클릭하여 값을 입력하세요. 을(를) 4 초 동안 말하기▼

- '발사' 신호를 받으면 포탄이 발사되는 처음 위치로 이동한다.

발사▼ 신호를 받았을 때
x: -200 y: -1 / a▼ 값 x 200 의 제곱▼ + p▼ 값 위치로 이동하기

⑩ '포탄' 오브젝트가 동작할 블록 코딩을 작성한다.

- '발사' 신호를 받으면 포탄을 이동하기 위한 초기 설정을 한다.

발사▼ 신호를 받았을 때
그리기 멈추기
맨 앞으로▼ 보내기
대포▼ 위치로 이동하기
x좌표▼ 를 -200 로 정하기

- 포탄이 x축으로 -200에서 250까지 이동하면서 y좌표의 값을 함수식에 의해 구하여 이동한다.

450 번 반복하기
x좌표▼ 에 1 만큼 더하기
y좌표▼ 를 -1 / a▼ 값 x x좌표▼ 값 의 제곱▼ + p▼ 값 로 정하기
0 초 동안 x: x좌표▼ 값 y: y좌표▼ 값 위치로 이동하기
붓의 색을 (으)로 정하기
그리기 시작하기

⑪ '깃발' 오브젝트가 동작할 블록 코딩을 작성한다.

- 포탄이 깃발에 닿으면 모양을 바꾸고 메시지를 표시한다.

시작하기 버튼을 클릭했을 때
계속 반복하기
만일 포탄▼ 에 닿았는가? 이라면
다음▼ 모양으로 바꾸기
꽝!!!!! 을(를) 말하기▼
모든▼ 코드 멈추기

⑫ '발사' 오브젝트가 동작할 블록 코딩을 작성한다.

오브젝트를 클릭했을 때
발사▼ 신호 보내기

6 결과 확인

■ 완성된 코드

오브젝트	블록 코드
Text a	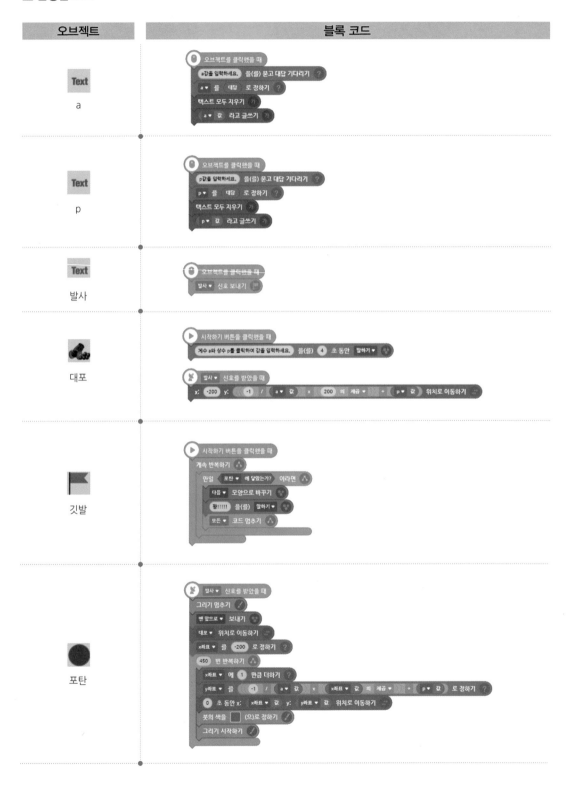
Text p	
Text 발사	
대포	
깃발	
포탄	

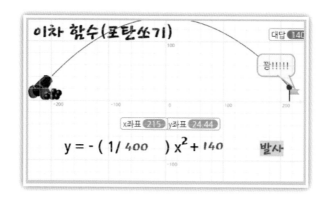

도전 과제!

대포의 위치를 고정시킨 상태에서 이차함수식을 이용하여 포탄을 목표까지 움직일 수 있도록 해 보자.

생각 넓히기 이차함수의 실생활 속 사례

　미국의 국회의사당에 있는 회의장 중 하나인 조각홀(Statuary Hall)은 양쪽 벽면이 포물선 형태인 홀로 이루어져 있다. 이방은 독특한 구조로 이루어져있어 홀 내의 특정위치에 있는 두 사람 간에 속삭이는 대화가 가능하다는 것이다. 또한 방 중간에 있는 사람들의 대화는 아무리 크더라도 반대편에서 이뤄지는 대화의 전달을 방해하지 않는다. 이 모든 것이 계속 설명하고 있는 이차곡선 중 하나인 포물선의 실생활 속에서의 예인 것이다.

　미국의 국회의사당의 신기한 성질뿐만 아니라 각 가정에서 케이블 TV를 수신하기 위해서 위성안테나로 사용하고 있는 접시 모양의 위성 중계 파라볼라안테나를 들 수 있다. 대부분의 위성 중계 안테나는 포물면 모양을 하고 있다. 그 이유가 무엇일까?

　포물면은 이차곡선인 포물선을 회전시켜 얻은 면이다. 또 포물선은 분수의 물줄기나 공중으로 비스듬히 던져 올린 물체의 자유낙하 하는 경로에서 볼 수 있는 곡선이다.

　포물선은 독특한 성질을 가지고 있다. 외부에서 포물선의 축과 평행하게 들어오는 전파는 모두 포물선에 반사되어 초점에 모이게 된다.

　포물면도 포물선의 특징을 그대로 가지고 있다. 포물면의 축에 평행하게 들어오는 전파를 반사하여 초점에 모아 준다.

　때문에 약한 전파를 많이 모아 강한 전파를 만들어 낼 수 있다. 가정에서 사용하는 TV 파라볼라 안테나의 모양이 포물면인 것은 이 성질 때문이다.

이런 도형의 넓이는 어떻게 구할까요?

이렇게 생긴 도형의 넓이를 구하는 것은 쉽지 않지. 그렇지만 확률을 이용하면 쉽게 구할 수 있지.

확률이요?

07

확률의 기적

1 확률에 관하여

확률은 '하나의 사건이 일어날 수 있는 가능성을 수치로 표현한 것'을 이야기한다. 하지만 일상생활에 있어서 확률이란 말이 많이 쓰이기도 한다. 많은 사람들이 확률을 따지는 것에 대해서 많은 어려움을 겪는다. 그도 그럴 것이 확률을 정확하게 계산하려면 하나의 사건과 관련된 많은 요소들을 한꺼번에 생각해야 한다. 예를 들어 두 명의 사람이 서로 다른 3개의 미션 중 2개를 고르는 것은 굉장히 간단한 일이지만 여기서 미션의 종류를 많게 하거나 사람의 수를 많게 한다면 문제는 한 가지 조건을 바꿨을 뿐인데 굉장히 복잡한 문제가 되어 버린다. 따라서 사람들은 확률을 주체적으로 계산하기보다는 계산된 확률을 그대로 받아들여 활용하는 경우가 많다.

확률은 수학의 여러 분야에 있어서 가장 늦게 발달된 분야 중의 하나이다. 확률과 관련된 기원은 17세기 프랑스의 도박사 드 메레(De Mere)가 당대의 유명한 수학자 파스칼(Pascal)에게 질문한 '점수 문제'에 기원한다. 점수 문제는 다음과 같다.

점수 문제

어느 두 사람 A, B가 있다고 하자. 이 두 사람은 같은 판돈을 걸고 5점을 먼저 내면 이기는 게임을 하고 있었다. 하지만 이 게임은 두 사람의 점수가 4:3이 되었을 때 중단이 되고 만다. 이후에 게임을 재개할 수 없는 상황이 되어 판돈을 나누어야 하는데 4:3으로 중단된 게임에서 어떻게 판돈을 나눌 수 있을까?

여러분들이 생각하기에 판돈을 어떻게 나누어야 하는가? 파치올리(Pacioli)는 이 문제에 대해서 판돈을 4 : 3으로 나누어야 한다고 생각을 했다. 하지만 파스칼은 조금 다른 관점으로 생각을 했다. 현재 점수가 4:3이므로 앞으로의 일어날 상황에 대해서 생각을 해 보았다. 남은 두 게임에서 가능한 경우의 수는 AA, AB, BA, BB이다. 하지만 앞의 두 경우는 실제로 일어나지는 않고 4번째 판에서 그 승부가 이미 결정이 된다. 즉, A가 이기는 경우는 네 번째 판에서 이기거나, 다섯 번째 판에서 이기는 경우이다. 하지만 B는 두 판을 내리 이겨야 한다. 따라서 A와 B가 이길 수 있는 비율이 3:1로 나타난다. 이에 근거하여 파스칼은 3:1로 상금을 나누어야 한다고 답변했다.

이후 확률은 베르누이(Bernoulli)와 같은 유명한 수학자들에 의해 발전을 하게 된다. 확률은 이후 발전을 거듭하며 사회과학 및 자연과학의 여러 분야에서 활용되고 있다. 또한 현재 확률은 우리의 생활에서 뗄 수 없는 밀접한 관계를 지니고 있다.

확률이 앞으로 일어날 사건의 가능성에 대해서 이야기하는 수치인 만큼 이와 관련된 모든 분야에서 확률이 활용된다. 대표적인 것들이 큰 선거 전에 나오는 여론조사에 바탕을 둔 당선 가능성 예측이나 일기예보 등이며 현재는 스포츠에서도 이기기 위한 전략을 세우기 위해서 여러 상황을 설정하고 각각의 상황에서 확률을 계산해 보는 일을 실행해 보고 있다. 앞으로는 여러 가지 일에 있어서 불확실성이 더 많아질 것이기 때문에 확률의 특성을 잘 이해하고 이를 활용할 수 있는 인재의 육성이 더욱 더 필요해질 것이다. 평소 논리적으로 여러 요소를 분석하는 것을 즐기고 꼼꼼한 성격을 지니고 있다면 이러한 분야에도 도전해 볼만하다.

2 경우의 수

확률에 있어서 가장 중요한 것 중의 하나가 경우의 수를 헤아리는 것이다. 하지만 모든 인간의 활동이 통계학적으로 유의미한 것은 아니다. 주사위를 던지거나 카드를 뒤집는 등 같은 조건하에서 반복할 수 있는 행동 혹은 실험을 사건이라고 한다. 우리가 흔히 이야기하는 경우의 수란 이 사건의 개수를 세는 것이다. 예를 들어 가위바위보를 하는 경우에 나오는 경우의 수는 가위, 바위, 보의 3가지이다.

이 경우의 수를 세는 방법에는 두 가지가 있다. 사건 A와 사건 B가 있다고 가정하자. 이때 사건 A와 B가 동시에 일어나지 않을 수도 있고 동시에 일어날 수도 있다. 전자부터 살펴보자. 사건 A와 B가 동시에 일어나지 않는 경우에는 단순히 사건 A와 사건 B가 일어나는 경우의 수를 합해 주면 된다. 우리는 이것을 다음과 같이 정리한다.

◎ 사건 A 또는 사건 B가 일어나는 경우의 수

사건 A가 일어나는 경우의 수가 m가지, 사건 B가 일어나는 경우의 수가 n가지이면 사건 A 또는 사건 B가 일어나는 경우의 수는 $m+n$가지이다

반면, 후자의 경우 사건 A와 사건 B가 동시에 일어나기 때문에 사건 A가 일어나는 횟수 혹은 사건 B가 일어나는 횟수에 따라 다른 사건이 영향을 받기 때문에 다음과 같이 정리할 수 있다.

◎ 사건 A와 사건 B가 동시에 일어나는 경우의 수

사건 A가 일어나는 경우의 수가 m가지, 사건 B가 일어나는 경우의 수가 n가지이면 사건 A와 사건 B가 동시에 일어나는 경우의 수는 $m \times n$가지이다.

숫자 1부터 15까지 적힌 카드를 한 장씩 뽑으려고 한다. 다음 물음에 답하여라.

1. 5의 배수가 적힌 카드를 뽑는 경우는 모두 몇 가지인가?

나의 생각은?

2. 7의 배수 또는 3의 배수가 뽑힐 경우는 모두 몇 가지인가?

나의 생각은?

 A도시에서 B도시로 이동할 수 있는 방법은 기차, 버스, 비행기를 이용하는 3가지 방법이 있고 B도시에서 C도시로 이동할 수 있는 방법은 지하철, 버스 2가지 종류가 있다. 그렇다면 A도시에서 출발하여 B도시를 경유하여 C도시에 도착하는 방법은 모두 몇 가지인가?

나의 생각은?

3 확률의 개념

❶ 상대도수로서의 확률

모든 면이 동일하게 생긴 주사위 한 개를 10회, 30회, 50회, 100회, 200회, 300회, 500회, 1000회, 2000회, 10000회 던졌을 때 3의 눈이 나오는 횟수를 조사하고 이때의 상대도수가 어떻게 되는지도 조사하여 보자. 또한 상대도수의 값이 주사위를 던지는 횟수가 많아질수록 어떠한 값에 가까워지는지 알아보자.

주사위를 던진 횟수(회)	10	30	50	100	200	300
3의 눈이 나온 횟수(회)						
상대도수						

위의 표를 완성해 보면 주사위를 던지는 횟수가 많아질수록 3의 눈이 나오는 횟수의 상대도수는 일정한 값 $\frac{1}{6}(=0.167)$에 가까워진다는 것을 알 수 있다. 즉, 한 개의 주사위를 던질 때에 3의 눈이 나올 가능성은 $\frac{1}{6}(=0.167)$이라고 할 수 있다. 또한 1개의 주사위를 던질 때 일어날 수 있는 모든 경우의 수는 6이고, 3의 눈이 나오는 경우의 수는 1이므로

$\dfrac{(3의\ 눈이\ 나오는\ 경우의\ 수)}{(모든\ 경우의\ 수)} = \dfrac{1}{6}$도 3의 눈이 나오는 경우의 수를 나타낸다고 할 수 있다.

즉, 동일한 조건 아래에서 같은 실험이나 관찰을 여러 번 반복할 때, 어떤 사건 A가 일어나는 상대도수가 일정한 값에 가까워지면 이 일정한 값을 사건 A가 일어날 확률이라고 한다. 이를 식으로 정리하면 다음과 같다.

> ◎ 확률의 정의
>
> 각 사건이 일어나는 가능성이 동일하고 일어날 수 있는 사건의 수가 n가지, 사건 A가 일어나는 경우의 수가 a가지라 하자. 이때, 사건 A가 일어날 수 있는 확률 P는
>
> $$p = \frac{(A가\ 일어나는\ 경우의\ 수)}{(모든\ 경우의\ 수)} = \frac{a}{n}$$

탐구 3 >>> 한 개의 주사위를 던질 때, 다음의 확률을 구하여라.

(1) 4의 눈이 나올 확률을 구하여라.

(2) 3의 배수가 나올 확률을 구하여라.

(3) 소수가 나올 확률을 구하여라.

나의 생각은?

 탐구 4 >>> 다섯 장의 카드에 1, 2, 3, 4, 5가 차례대로 적혀 있다. 두 장을 뽑아서 두 자리수의 정수를 만든다고 할 때, 그 수가 30 이하일 확률을 구하여라.

나의 생각은?

4 코딩을 활용하여 주사위 발생 빈도 구하기

주사위를 실제로 던져 보면 알겠지만 실제로 주사위를 10번, 30번, 50번을 던지는 것은 간단한 일이다. 하지만 그 횟수가 많아지게 된다면 주사위를 100번이고 1000번이고 던지는 것은 쉽지 않다. 이를 코딩을 활용하여 해결해 보자. 주사위를 100번, 200번, 300번, 500번, 1000번, 100000번을 던지고 이때 3의 눈이 나온 횟수를 세는 코딩을 해 보도록 하자.

코딩!!

여러 차례 주사위를 던졌을 주사위 각각의 눈이 나올 확률이 1/6인지 코딩을 통해 확인해 보자.

1 문제 분석

1. 실제 주사위를 던져서 눈이 나오는 것을 컴퓨터 프로그램을 이용하여 구현한다.
2. 던져서 나오는 주사위 눈을 예측할 수 없도록 블록 명령어인 무작위 수를 사용한다.
3. 주사위 눈이 나온 횟수를 변수에 저장하고 그래프로 표현하여 쉽게 판단할 수 있도록 한다.

2 화면 구성 및 오브젝트

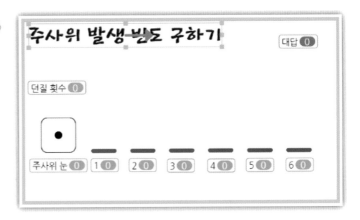

오브젝트명	설명
제목	'주사위 발생 빈도 구하기' 제목을 표시하는 글 상자이다.
주사위	무작위 수를 이용하여 주사위 눈을 구한다.
판1~판6	나오는 주사위 눈의 수에 해당하는 판의 y좌표를 증가시키고 도장을 찍는다.

③ 변수, 신호 설계

변수	설명	변수 보이기
던질 횟수	주사위를 던질 횟수를 입력받는다.	보이기
주사위 눈	무작위 수를 이용하여 나온 주사위 눈이다.	보이기
1~6	주사위를 던져 나온 눈의 수를 누적한다.	보이기

신호	설명
1~6	주사위 값에 따라 신호를 보낸다.

④ 알고리즘 설계

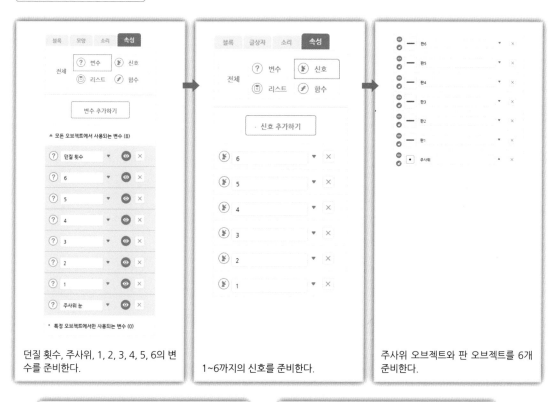

던질 횟수, 주사위, 1, 2, 3, 4, 5, 6의 변수를 준비한다.

1~6까지의 신호를 준비한다.

주사위 오브젝트와 판 오브젝트를 6개 준비한다.

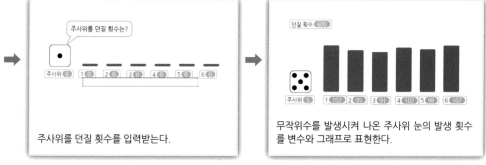

주사위를 던질 횟수를 입력받는다.

무작위수를 발생시켜 나온 주사위 눈의 발생 횟수를 변수와 그래프로 표현한다.

5 블록 프로그래밍을 이용한 해결

1 엔트리봇 오른쪽에 위치한 ⊠ 버튼을 클릭하여 기본 오브젝트인 '엔트리봇'을 삭제한다.

2 '주사위' 오브젝트를 추가한다. [오브젝트 추가] 창에서 '주사위'를 검색한 후 '주사위'를 선택하고 '적용하기' 버튼을 클릭하여 오브젝트를 추가한다.

3 판 오브젝트를 추가한다. [오브젝트 추가] 창에서 '판'을 검색한 후 '판'을 선택하고 '적용하기' 버튼을 클릭하여 오브젝트를 추가한다. 오브젝트의 이름을 '판1'로 변경한다.

4 **3**의 오브젝트를 5번 복사하여 6개의 판을 준비한다. 6개의 판과, 준비한 변수, '주사위'를 화면에 배치한다.

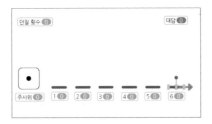

5 '주사위' 오브젝트가 동작할 블록 코딩을 작성한다.
- 시작하기 버튼을 클릭하면 던질 주사위 횟수를 입력받아 '던질 횟수' 변수에 저장한다.

- '던질 횟수' 값만큼 반복하여 1~6사이의 무작위 수를 구하고 주사위 모양을 무작위 수에서 나온 값으로 바꾼다.

```
던질 횟수 ▼ 값  번 반복하기
주사위 눈 ▼ 을  1  부터  6  사이의 무작위 수  로 정하기
주사위 눈 ▼ 값  모양으로 바꾸기
```

- 주사위의 무작위 수에 해당하는 변수에 1을 누적하고 1신호를 보낸다.

```
만일  주사위 눈 ▼ 값  =  1  이라면
1 ▼ 에  1  만큼 더하기
1 ▼ 신호 보내기
```

6 '판1' 오브젝트가 동작할 블록 코딩을 작성한다.
- '1신호를 받았을 때' y좌표를 1만큼 이동하고 현재 위치에 도장을 찍는다.

```
시작하기 버튼을 클릭했을 때
모양 숨기기
x: -120  y: -60  위치로 이동하기
모양 보이기

1 ▼ 신호를 받았을 때
y 좌표를  1  만큼 바꾸기
도장찍기
```

7 6의 '판1' 오브젝트 블록 코딩과 같이 '판2'~'판6'도 블록 코딩한다.

```
시작하기 버튼을 클릭했을 때
모양 숨기기
x: -60  y: -60  위치로 이동하기
모양 보이기

2 ▼ 신호를 받았을 때
y 좌표를  1  만큼 바꾸기
도장찍기
```

```
시작하기 버튼을 클릭했을 때
모양 숨기기
x: 0  y: -60  위치로 이동하기
모양 보이기

3 ▼ 신호를 받았을 때
y 좌표를  1  만큼 바꾸기
도장찍기
```

```
시작하기 버튼을 클릭했을 때
모양 숨기기
x: 120  y: -60  위치로 이동하기
모양 보이기

5 ▼ 신호를 받았을 때
y 좌표를  1  만큼 바꾸기
도장찍기
```

```
시작하기 버튼을 클릭했을 때
모양 숨기기
x: 60  y: 60  위치로 이동하기
모양 보이기

4 ▼ 신호를 받았을 때
y 좌표를  1  만큼 바꾸기
도장찍기
```

```
시작하기 버튼을 클릭했을 때
모양 숨기기
x: 180  y: -60  위치로 이동하기
모양 보이기

6 ▼ 신호를 받았을 때
y 좌표를  1  만큼 바꾸기
도장찍기
```

1 완성된 코드

오브젝트	블록 코드
 주사위	
 판	

오브젝트: 주사위 — 블록 코드

```
시작하기 버튼을 클릭했을 때
주사위를 던질 횟수는? 을(를) 묻고 대답 기다리기
던질 횟수▼ 을 대답 로 정하기
던질 횟수▼ 값 번 반복하기
    주사위 눈▼ 를 1 부터 6 사이의 무작위 수 로 정하기
    주사위 눈▼ 값 모양으로 바꾸기
    만일 주사위 눈▼ 값 = 1 이라면
        1▼ 에 1 만큼 더하기
        1▼ 신호 보내기
    만일 주사위 눈▼ 값 = 2 이라면
        2▼ 에 1 만큼 더하기
        2▼ 신호 보내기
    만일 주사위 눈▼ 값 = 3 이라면
        3▼ 에 1 만큼 더하기
        3▼ 신호 보내기
    만일 주사위 눈▼ 값 = 4 이라면
        4▼ 에 1 만큼 더하기
        4▼ 신호 보내기
    만일 주사위 눈▼ 값 = 5 이라면
        5▼ 에 1 만큼 더하기
        5▼ 신호 보내기
    만일 주사위 눈▼ 값 = 6 이라면
        6▼ 에 1 만큼 더하기
        6▼ 신호 보내기
```

오브젝트: 판 — 블록 코드

```
시작하기 버튼을 클릭했을 때
모양 숨기기
x: -120 y: -60 위치로 이동하기
모양 보이기

1▼ 신호를 받았을 때
y 좌표를 1 만큼 바꾸기
도장찍기
```

```
시작하기 버튼을 클릭했을 때
모양 숨기기
x: -60 y: -60 위치로 이동하기
모양 보이기

2▼ 신호를 받았을 때
y 좌표를 1 만큼 바꾸기
도장찍기
```

```
시작하기 버튼을 클릭했을 때
모양 숨기기
x: 0 y: -60 위치로 이동하기
모양 보이기

3▼ 신호를 받았을 때
y 좌표를 1 만큼 바꾸기
도장찍기
```

```
시작하기 버튼을 클릭했을 때
모양 숨기기
x: 60 y: -60 위치로 이동하기
모양 보이기

4▼ 신호를 받았을 때
y 좌표를 1 만큼 바꾸기
도장찍기
```

```
시작하기 버튼을 클릭했을 때
모양 숨기기
x: 120 y: -60 위치로 이동하기
모양 보이기

5▼ 신호를 받았을 때
y 좌표를 1 만큼 바꾸기
도장찍기
```

```
시작하기 버튼을 클릭했을 때
모양 숨기기
x: 180 y: -60 위치로 이동하기
모양 보이기

6▼ 신호를 받았을 때
y 좌표를 1 만큼 바꾸기
도장찍기
```

2 실행 결과

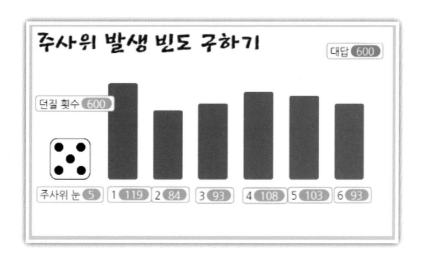

4 기하학적 확률

위에서 살펴본 것과 같은 확률은 경우의 수를 구할 수 있는 경우에만 활용할 수 있다. 그렇다면 도형에 확률의 개념을 적용할 수 없을까?

도형의 경우 사건이 일어나는 경우의 수를 직접 셀 수 없다. 하지만 도형의 경우 길이, 넓이, 부피 등을 구할 수 있다. 도형의 이러한 특징을 활용하여 도형에 확률의 개념을 도입한 것이 바로 기하학적 확률이다.

어떤 전체 영역 R이 있고 이 안에 부분 영역 S가 있고 사건 A가 전체 영역 R 안에서 일어나는 정도가 같다고 하자. 이 사건이 전체 영역 R의 부분 영역 S에서 일어난다고 할 때, 사건 A가 부분 영역 S에서 일어나는 확률

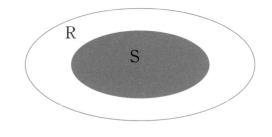

$$p(A) = \frac{\text{영역 S의 넓이}}{\text{영역 R의 넓이}}$$

와 같이 계산되는 $p(A)$를 사건 A의 기하학적 확률이라 한다. 이때 영역 R과 S가 같은 차원이라면 넓이를 길이 혹은 부피로 수정하여 활용할 수도 있다.

오른쪽 그림과 같이 한 변의 길이가 6인 정사각형에서 빗금 친 부분이 차지하는 기하학적 확률은

$$\frac{\text{빗금 친 부분의 넓이}}{\text{전체 넓이}} = \frac{18}{36}\text{이므로}$$

$\frac{1}{2}$ 임을 알 수 있다.

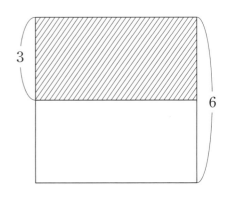

한 변의 길이가 4인 정사각형 안에 원이 내접해 있다. 1개의 돌을 던졌을 때 검정색 부분에 들어갈 확률을 구하여라. (단, 원주율 $\pi=3$으로 근사하여 계산한다.)

나의 생각은?

그렇다면 이제 확률의 개념을 활용하여 임의의 도형의 넓이를 구하는 방법을 알아보자. 다음과 [그림 1]과 같이 가로와 세로의 길이가 5cm인 정사각형 안에 사과처럼 생긴 도형이 있다고 하자.

우리가 흔히 생각하는 도형의 넓이는 쉽게 구할 수 있지만 위와 같이 사과 모양으로 생긴 도형의 넓이는 구할 수 없다. 이때 기하학적 확률의 개념을 활용할 수 있다. 각 다음의 단계를 활용하여 사과처럼 생긴 도형의 넓이를 구해 보자.

1) 바깥의 정사각형의 넓이를 구한다.
2) 눈을 가리고 30번, 50번, 100번, 200번, 300번 점을 찍어 본다.
3) 사과 모형의 도형 안에 찍힌 점의 갯수를 구한다.
4) 3)번에 대한 2)번의 상대도수를 구한다.
5) 4)에서 구한 상대도수의 정사각형의 넓이를 구한다.

점을 찍은 횟수(회)	30	50	100	200	300
사과모양의 도형 안에 찍힌 횟수(회)					
상대도수					

5 코딩을 활용하여 임의의 도형의 넓이 구하기

코딩을 활용하여 다음 도형의 넓이를 구해 보자.

코딩!

도형의 넓이를 확률적 알고리즘을 이용하여 근사치로 구해 보자.

❶ 문제 분석

1. 도형은 모양은 불규칙한 곡선으로 이루어져 있다.
2. 일반적인 도형의 넓이 공식을 이용해서는 불규칙한 모양을 가진 도형은 넓이를 구하기 어렵다.
3. 확률적 알고리즘(probabilistic algorithm)을 이용하면 도형의 넓이를 근사치로 구할 수 있다.

❷ 화면 구성 및 오브젝트

오브젝트명	설명
제목	'오브젝트 면적 구하기' 제목을 표시하는 글 상자이다.
사과(1)	넓이를 구할 오브젝트이다.
농구공	사과를 포함하는 주변 사각형 면적에 입력받은 개수를 무작위로 배치할 오브젝트이다.

❸ 변수 설계

변수	설명	변수 보이기
사과위의 도형 개수	사과 오브젝트 위에 찍힌 도형의 개수를 저장한다.	감추기
사과의 넓이	사과 오브젝트의 넓이를 계산하여 저장한다.	감추기

❹ 알고리즘 설계

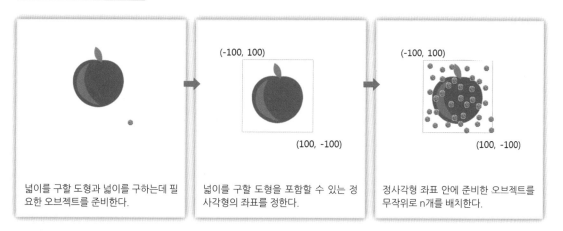

넓이를 구할 도형과 넓이를 구하는데 필요한 오브젝트를 준비한다.

넓이를 구할 도형을 포함할 수 있는 정사각형의 좌표를 정한다.

정사각형 좌표 안에 준비한 오브젝트를 무작위로 n개를 배치한다.

① 정사각형 한 변의 길이 : 200
② 정사각형의 면적 : 200 × 200 = 40000
③ 전체 오브젝트의 수 : n
④ 사과위에 배치된 오브젝트의 수 : r
⑤ 도형의 면적 P를 구하는 공식은 다음과 같다.

$$40000 : P = n : r$$

$$P = \frac{40000 \times r}{n}$$

🄻 블록 프로그래밍을 이용한 해결

1 엔트리봇 오른쪽에 위치한 ⊠ 버튼을 클릭하여 기본 오브젝트인 '엔트리봇'을 삭제한다.

2 '사과(1)' 오브젝트를 추가한다. [오브젝트 추가] 창에서 '사과'를 검색한 후 '사과(1)'을 선택하고 '적용하기' 버튼을 클릭하여 오브젝트를 추가한다.

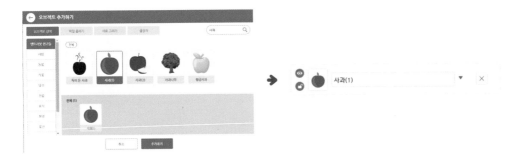

3 '농구공' 오브젝트를 추가한다. [오브젝트 추가] 창에서 '농구공'을 검색한 후 '농구공'을 선택하고 '적용하기' 버튼을 클릭하여 오브젝트를 추가하고 크기를 10으로 변경한다.

4 '사과' 오브젝트를 좌표 (0, 0)에 위치시킨 후 '사과' 오브젝트를 포함하는 정사각형의 왼쪽 상단과 아래쪽 하단의 좌표를 구한다.

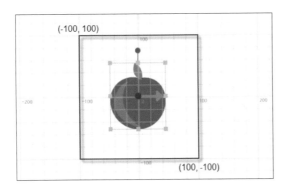

5 '농구공' 오브젝트를 정사각형 범위 안에서 입력받은 개수만큼 무작위로 배치한다.

```
▶ 시작하기 버튼을 클릭했을 때
100 번 반복하기
x: -100 부터 100 사이의 무작위 수 y: -100 부터 100 사이의 무작위 수 위치로 이동하기
도장찍기
```

6 '농구공' 오브젝트를 정사각형 범위 안에 배치할 때마다 '사과' 오브젝트 위에 배치되었는지를 판단하여 '사과' 오브젝트 위에 배치된 '농구공' 오브젝트의 개수를 계산한다.

```
만일 사과(1) 에 닿았는가? 이라면
사과위의 도형 개수 ▼ 에 1 만큼 더하기
```

7 '사과' 오브젝트의 넓이를 구한다.

```
사과의 넓이 ▼ 를 40000 x 사과위의 도형 개수 ▼ 값 / 100 로 정하기
사과의 넓이는 과(와) 사과의 넓이 ▼ 값 과(와) 입니다. 를 합치기 를 합치기 을(를) 말하기 ▼
```

생각 넓히기 정적분

확률을 활용하여 우리에게 익숙하지 않은 모양으로 생긴 도형의 넓이를 구할 수 있다는 것을 알아보았다. 이 방법 이외에도 넓이를 정확하게 구할 수 있는 방법이 있다. 그것이 바로 정적분이다. 적분이란 2차원 혹은 3차원 상에 그려진 그래프의 단면을 잘게 쪼개어 각각의 넓이를 구한 후에 이를 더해 주는 방법으로, 넓이 또는 부피를 구하는 방법이다. 물론 주어진 도형을 그래프로 나타낼 수 있어야 하는 선결 조건이 있다. 주어진 도형을 그래프로만 매개 변수화할 수 있다면 적분을 활용하여 얼마든지 넓이를 구할 수 있다.

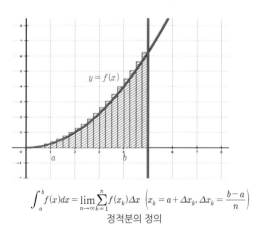

$$\int_a^b f(x)dx = \lim_{n \to \infty} \sum_{k=1}^{n} f(x_k)\Delta x \ \left(x_k = a + \Delta x_k, \Delta x_k = \frac{b-a}{n} \right)$$

정적분의 정의

1 완성된 코드

오브젝트	블록 코드
 사과(1)	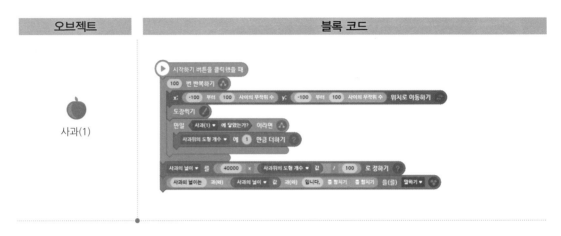

2 실행 결과

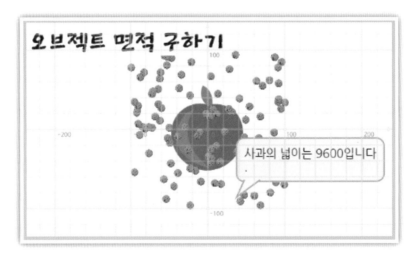

 도전 과제!

1. 실제 면적에 더 가깝게 면적을 구하기 위해 무엇을 변경하면 좋을까?

2. 도형의 면적을 구하기 위해 '농구공' 오브젝트를 화면에 100개 배치했는데 배치할 개수를 입력받도록 변경해 보자.

참고문헌

- 수냐의 수학영화관, 김용관, 궁리(2013)
- 튜링이 들려주는 암호이야기, 박철민, 자음과 모음(2008)
- 위대한 수학, 토니 크릴리, 지식갤러리(2011)
- 피보나치 수와 황금비를 활용한 교수·학습 지도 자료 개발 연구(중등수학), 장효진(2002), 전남대학교 석사학위논문
- 학교수학의 교육적 기초(제2증보판), 우정호, 경문사(2007)
- 수학 교육과정과 교재연구(개정판), 김남희 외, 경문사, (2013)

- 중학교 수학1 교과서, 류희찬 외, 천재교과서(2013)
- 중학교 수학1 교과서, 김원경 외, 비상교육(2012)
- 중학교 수학2 교과서, 고호경 외, 교학사(2014)
- 중학교 수학2 교과서, 김원경 외, 비상교육(2014)
- 중학교 수학2 지도서, 김원경 외, 비상교육(2014)
- 고등학교 미적분I 교과서, 김원경 외, 비상교육(2014)
- 고등학교 확률과 통계 교과서, 김원경 외, 비상교육(2014)

- Fraleigh, J. B., A First Course In Abstract Algebra(Seventh Edition), Addison Wesley(2003)
- Burton, D. M., Elementary Number Theory(Sixth Edition), McGraw-Hill(2007)

엔트리는 커넥트재단에서 만든 비영리 소프트웨어 교육 플랫폼입니다.
본 도서는 엔트리에서 공개한 로고와 캐릭터를 사용하여 제작하였습니다.

집필진

○ **이성자**_현)부안중학교 교사
  한국교원대학교 교육대학원 수학교육(석사)

○ **김홍겸**_현)안산광덕고등학교 교사
  아주대학교 교육대학원 수학교육전공(석사)
  아주대학교 대학원 교육과정 및 평가전공 박사과정

○ **류지혜**_현)단원고등학교 교사
  고려대 사범대학 수학교육과(학사), 연세대 교육대학원 수학교육 전공

○ **김형식**_현)영생고등학교 교사
  한국외국어대 교육대학원 수학교육(석사)
  아주대학교 대학원 교육과정 및 평가 박사과정

○ **강지성**_현)수지고등학교 교사
  한국교원대학교 교육대학원 컴퓨터교육학과(석사)

○ **오승균**_현)미래융합연구원 원장
  전기교육공학 전공, 교육학 박사

개발진

개발 책임 | 오승균   **기획** | 홍군표   **편집 · 디자인** | 미래융합연구원 편집부   **삽화** | 유남영

초판 1쇄	인쇄 2019년 3월 15일
	발행 2019년 3월 20일
지은이	이성자, 김홍겸, 류지혜, 김형식, 강지성, 오승균
발행인	박형규
발행처	미래융합연구원
출판등록번호	제2015-000011호
등록일자	2013년 9월 5일
등록된 곳	서울시 용산구 한강대로 84길 21-17
대표전화	02-872-3008
팩스	02-872-3009
홈페이지	http://www.aioc.kr
이메일	aic@aioc.co.kr
유통	생각을담는어린이(T. 02_2616-2683 F. 02_2613-2685)
ISBN	979-11-951314-4-0 (53300)

Copyright ⓒ 이성자, 김홍겸, 류지혜, 김형식, 강지성, 오승균, 2019

＊저자와의 협약으로 인지는 생략합니다.
＊잘못된 책은 구입처에서 교환하여 드립니다.
＊이 책의 저작권은 저자에게, 출판권은 미래융합연구원에 있습니다.
＊허락 없이 복제하거나 다른 매체에 옮겨 실을 수 없습니다.

값 15,000원